ATRÉVETE A HABLAR DE SEXO CON TU HIJO

Atrévete a hablar de sexo con tu hijo

Nora Rodríguez

GRUPO ZETA

Barcelona • Madrid • Bogotá • Buenos Aires • Caracas • México D.F. • Miami • Montevideo • Santiago de Chile

1.ª edición: junio 2017

© Nora Rodríguez, 2017
  Derechos cedidos a través de Zarana Agencia Literaria
© Por el prólogo, Lucia Victoria Lew, 2017
© Ediciones B, S. A., 2017
  Consell de Cent, 425-427 - 08009 Barcelona (España)
  www.edicionesb.com

Printed in Spain
ISBN: 978-84-666-6130-0
DL B B 10250-2017

Impreso por QP PRINT

Índice

Introducción
«TENGO UNA NOTICIA...»

1
PADRES QUE EDUCAN SIN COMPLEJOS

2
CARGANDO NUEVAS COORDENADAS
PARA EL GPS PARENTAL

3
«¡ES UNA NIÑA!»

4

«¿QUÉ TIENES AHÍ?»

5

«ME VEO MUY MUY FEO...»

6

«¿QUÉ ME ESTÁ PASANDO?»

7

«¿QUE HICISTE... QUÉ?»

8

«TENGO QUE CONTÁRTELO...»

9

PROBAR POR... ¿PROBAR?

Prólogo

La importancia de hablar de sexualidad

Ciertamente, con los niños se habla poco sobre sexualidad. Y con adolescentes tal vez ni se habla. ¿Por qué? Tal vez porque socialmente aprendimos que no debemos hablar sobre ello. O bien porque intuimos que la infancia es la etapa de la vida en que lo más importante es desarrollar energía para aprender y crear, y en la adolescencia ya está todo dicho. El problema es que si no se habla de la sexualidad, se corren muchos riesgos. Y así, una generación tras otra acaba por dar carta de naturaleza a la frustración, la violencia de género, el abuso y todas las consecuencias que trae consigo el mirar para otro lado.

Hoy los padres pueden reflexionar, actuar y hacer cambios, en lugar de evadir una situación que preocupa. Especialmente porque sabemos que es mucho lo que las nuevas generaciones asimilan sobre sexualidad viendo televisión o en internet. Pero si integramos nuestra sexualidad a nuestros valores y formas de sentir y pensar, y logramos hablar con naturalidad según la necesidad de cada niño y adolescente, entonces no vamos a encontrar ninguna traba para ello, si damos con el material adecuado. En este sentido, este libro no solo proporciona herramientas para salir de situaciones de incomodidad, de repetición y falta de conocimiento, sino que es altamente recomendable para entender y acompañar a niños y adolescentes mientras se comprenden como personas sexuadas, tanto para profesionales como para padres. Y nada mejor que las palabras de la autora para introducirnos a su abordaje de la temática refiriéndose a cómo hablar con los hijos: «No se trata de hablar anticipadamente, ni de contestar todas las preguntas, sino de responder las inquietudes verbales y no verbales, proporcionando una nueva visión de algo que sabe a medias, o que no sabe pero ya tiene elementos para comprender, o bien compartir valores y creencias propios de la familia. Se trata de acompañarlos y ayudarlos a integrar la curiosidad, los cambios físicos y las dudas.»

LUCÍA VICTORIA LEW
Psicóloga, terapeuta de niños
y adolescentes e investigadora
Universidad del Salvador, Argentina

Introducción

«Tengo una noticia...»

Más de cuarenta personas alrededor de una mesa se disponen a compartir la cena de Navidad. Exactamente cinco familias que vuelven a reunirse después de diez años, entre el revuelo de niños entusiastas y pendientes de los regalos que esperan al pie de un enorme y ornamentado árbol. Un árbol que, hasta ese año, siempre ha sido decorado por la abuela, una maravillosa y entrañable anciana de 80 años que da por iniciada la velada presentando, como estaba previsto, a los nuevos integrantes de la gran familia. De modo que después de dar unos suaves golpecitos con una cucharilla a su copa de cristal, llama a sus nietos y dice señalando el árbol: «Antes de abrir esos regalos a las doce de la noche, es tradición que mis nietos cuenten cuál ha sido la última gran sorpresa que han recibido.» Acto seguido, uno a uno los mayores relatan con nerviosismo breves historias que arrancan aplausos y sonrisas de orgullo de sus padres, hasta que, tímidamente, una niña de unos 10 años se coloca al lado de la anciana y, dirigiéndose al auditorio, dice: «Yo sí he de daros una gran noticia: tengo la menstruación.» Por un momento, al silencio impenetrable le siguen expresiones de desconcierto. Después, risitas y cuchicheos, en particular de primos y primas adolescentes. Algún tío de masculinidad exagerada trata sin éxito de resolver la situación con un chiste fuera de lugar. La niña mira, en busca de consuelo, a su madre, que con su silencio parece reprocharle su actitud. Por fortuna, y como no podía ser de otra manera, la abuela toma la palabra y dice en voz alta para que la oigan todos los presentes: «Enhorabuena, estás viviendo lo mismo que todas las mujeres que ves aquí y que hace tiempo han dejado atrás su pubertad. Ahora es tu momento, tus órganos reproductores han empezado a desarrollarse a mayor velocidad, igual que les ha pasado y les pasará a todas las mujeres del mundo. Aún te sientes una niña en muchos aspectos, pero esto que te ocurre es lo que te permitirá convertirte en no mucho tiempo en una maravillosa adolescente.»

¿Por qué en una sociedad hipersexualizada aún hay tantos adultos que no saben qué responder ante las manifestaciones de sexualidad espontáneas que preocupan a niñas y preadolescentes?

¿Por qué parecería que resulta más fácil invisibilizar este tipo de manifestaciones por parte de los niños, cuando lo único que se consigue es complicarlo todavía más?

¿Cómo hacer para ayudar con empatía en el desarrollo de su sexualidad, tanto a niñas como a niños, buscando comprender en primer lugar qué les pasa?

¿Cómo ayudarlos con argumentos adecuados y actitudes responsables a sentirse cómodos con sus sentimientos, para que así comprendan que el sexo y la sexualidad son una parte natural y positiva de la existencia humana?

¿De qué modo hemos de acompañarlos para que afronten sus preocupaciones mientras son bombardeados con mensajes sexuales que afectan a su modo de conocerse, aceptarse y comportarse desde edades muy tempranas?

Como madre o padre, seguramente te hagas muchas preguntas y tropieces una y otra vez con las mismas dudas a medida que tu hijo crece. No obstante, aunque no sea todo el tiempo, cada vez que das respuestas apropiadas, que integran información sobre sexo y sexualidad, emociones y sentimientos, o la toma de mejores decisiones, adaptadas a cada etapa, desde el punto de vista evolutivo le estás ofreciendo a tu hijo mucho más que información. Le estás ofreciendo la posibilidad de entender, de comprender con naturalidad su sexualidad, que se construye en la interacción con los padres, los amigos y la cultura en que se vive, y comprenderla fortalecerá su confianza. Porque mientras que el sexo se refiere al conjunto de características anatómicas y fisiológicas que diferencian al varón de la mujer, que al madurar pueden engendrar un nuevo ser, la sexualidad se refiere a una expresión psicosocial. Somos seres sociales inmersos en una sociedad, por eso al referirnos a sexualidad se pone el acento en la expresión humana tanto afectiva como espiritual y física, que se expresa mediante sentimientos, pensamientos, actitudes, normas y valores en un tiempo determinado. Es la forma en que cada uno vive su condición.

Mejor que evitar es informarse

Cada vez que los padres evitan hablar de sexualidad con sus hijos, también les están diciendo que no pueden mirar el mundo desde su punto de vista, que les resulta imposible ponerse en su lugar. En cambio, cuando, en vez de acogerse a ciegas a la idea extendida de que hay que empezar a hablar a los niños sobre sexo y sexualidad a partir de la pubertad (permitiendo así que durante todos los años anteriores reciban información que nunca lograrán contrastar), adecuan sus propias ideas sobre sexualidad a las necesidades evolutivas de los hijos, les demuestran que aceptan su sexualidad como un proceso que se desarrolla de forma gradual y absolutamente diferente en cada individuo.

Pero hay más. Cuando se espera hasta la pubertad para hablar de estos temas, a menudo se hace con el mismo espíritu que cuando se enseña a los niños a caminar alrededor de los 11 meses de vida, cuando el cuerpo está preparado para mantenerse erguido después de gatear. O cuando se espera hasta los 6 años para enseñarles a leer y escribir, porque es cuando el cerebro está mejor preparado para asimilarlo. De modo que se acaba creyendo que con dedicarle tan solo un par de «lecciones» el tema ya está aprendido.

Ahora bien, ¿por qué decimos que esto no es lo adecuado? Fundamentalmente, porque, como afirmaba la destacada bióloga Lynn Mangulis,[1] «nuestras vidas están

---

1. Lynn Mangulis (1938-2011), una de las más importantes científicas en el campo de la biología microbiana. Miembro de la Academia de Ciencias de Estados Unidos, se considera que contribuyó a sentar las bases de la biología actual.

condicionadas por la sexualidad». Por lo tanto, los evidentes cambios biológicos y emocionales que se producen en la pubertad no deben entenderse como las únicas señales de desarrollo. En lo que a ti como madre o padre compete, la educación de la sexualidad de tu hijo empieza, sin duda, en el momento del nacimiento, o incluso antes, desde el embarazo. Es mucho lo que puedes transmitirle desde esas etapas para que tu hijo tenga una vida sexual satisfactoria. Y con la misma naturalidad con que luego le podrás brindar información, tanto a partir de sus preguntas como dándole respuestas «de oficio», es decir, en todos los momentos en que intuyas que las necesita. Porque acompañar en el desarrollo de la sexualidad es saber qué hacer, con respeto y responsabilidad, en cada momento, inspirando confianza, teniendo en cuenta que se trata de «su» sexualidad, por lo que es importante hacerlo de forma continua, ayudándole a regular sus deseos así como a descodificar la información que le llega por otros canales.

Obviar esto y esperar a que llegue la segunda infancia, entre los 7 a los 11 años, para empezar a hablar es dejarse llevar solo por los cambios visibles del desarrollo, no por lo que implica la sexualidad del niño o de la niña. De hecho, dejar de lado el aspecto social de la sexualidad es la razón principal por la que muchos padres se limitan a transmitir información sexual solo en relación con los cambios biológicos y el autocuidado, porque predomina el aspecto reproductivo. No tienen en cuenta que la sexualidad, que integra el sexo, está presente desde que abrimos los ojos a la vida, y que, por lo tanto, se necesita una educación integral y permanente.

Nueve mitos que llevan a que los padres esperen hasta la pubertad para hablar de sexo y sexualidad

1. Creer que entre el nacimiento y la pubertad no hay ninguna expresión de sexualidad, ni curiosidad acerca de esta.
2. Creer que la sexualidad está exclusivamente ligada a la idea de reproducción, donde no cabe la idea de placer (el que sienten sus hijos por el conocimiento del propio cuerpo).
3. Creer que no se puede acompañar el desarrollo de la sexualidad de los hijos desde una perspectiva respetuosa y natural, venciendo el miedo y la vergüenza a la hora de dialogar.
4. Creer que no es necesario estar bien informados desde el embarazo respecto de la sexualidad del hijo.
5. Considerar que en la primera infancia no es positivo educar para una sexualidad sana porque los niños «no entienden».
6. Concebir la educación sexual como un fin, no como un proceso.
7. Pensar que la edad concreta para empezar a educar la sexualidad es cuando los niños y niñas se dan cuenta de que su cuerpo está cambiando.
8. Considerar que la educación de la sexualidad es algo que se explica solo cuando tu hijo pregunta.
9. Creer que los hijos no se educan sexualmente por lo que ven porque no están atentos a esos temas y no hay riesgo de que aprendan por imitación.

Para tu bloc de notas...

No hablar de sexualidad con tu hijo es una forma de enseñarle que solo algunas de sus experiencias vitales son importantes. Pero lo cierto es que los hijos aprenden más por nuestros actos y silencios que por aquello que les decimos. De modo que si un tema se calla y se esconde, es porque debe de ser muy pero que muy malo y solo sirve para que se sientan avergonzados o culpables... Por tanto, si cuando te pregunta crees que no sabes qué contestar, lo mejor es decirle: «Cariño, ahora no dispongo de los datos que necesito para darte la mejor respuesta, pero si esperas un día, te prometo que los buscaré.» Y cumple con tu palabra.

Sobre este libro...

Mientras a la vida de niños y adolescentes llega un sinnúmero de mensajes por parte de los «desinformadores» anónimos, que lo hacen en términos de genitalidad, o con un discurso sobre un tipo de sexualidad que se acerca más a lo pornográfico que a lo biológico, resulta imprescindible encontrar información eficaz.

Por ejemplo, Pamela Paul, autora de *Pornified: How Pornography Is Damaging Our Lives, Our Relationships, and Our Families*, considera que las investigaciones que demuestran que la mayoría de los niños comienza a ver pornografía con solo 10 años alarman aún más cuando se estudia que la destrucción de sus relaciones, a medida que se hacen mayores, también son evidentes.[2] A su vez, un estudio llevado a cabo en EE. UU. y México demostró que los espectadores que ven al menos dos o tres horas diarias la televisión están increíblemente expuestos a contenidos sexuales a través de los *reality shows*, las telenovelas y los vídeos musicales; reciben unos catorce mil mensajes anuales sobre sexualidad, de los cuales solo 165 son responsables y realistas.[3]

Ante estas influencias, no hay duda de que la respuesta al interrogante de cuándo empezar es «ya». Resta definir quién debe hacerlo y cuál es la forma más apropiada, y tal es el propósito de este libro.

Joan tiene 3 años y se pasea por la casa desnudo, tocándose los genitales. Es todo un descubrimiento para él.

2. Pamela Paul en su libro asegura que es muy fácil ver y conseguir imágenes de pornografía, porque se han protegido más sus derechos que los de quienes no quieren verlo, o no es bueno para ellos, como es el caso de niños y adolescentes. Porque no se trata de que se hable de sexo, sino de que hay permanentemente una iconografía y una aprobación discursiva que llega a través de los medios con la intencionalidad de atraer la atención.

3. Se trata de una investigación referente a las imágenes de la televisión en México y Estados Unidos provenientes de *reality shows*, las telenovelas, los vídeos musicales y publicidad. Según Brito (2000), quienes están expuestos a contenidos sexuales, incluyendo el sexo explícito, de manera continua a través de los medios, y donde solo 165 —es decir, el 1,7 %— presentaba la actividad sexual de forma realista y responsable. Gran parte de dichas imágenes vinculaban el sexo con la violencia, el humor y el peligro, y en ellas la mujer era presentada casi siempre como objeto sexual, con ropa provocativa o llevando a cabo movimientos eróticos para seducir al hombre.

Sus padres le dicen que puede estar desnudo, pero en su habitación, pues su cuerpo es algo «privado». Le transmiten que está bien tener curiosidad acerca del propio cuerpo, pero que las partes íntimas deben mantenerse en la intimidad. Pese a que generalmente los niños responden bien cuando los padres les ofrecen la información correcta y contestan a sus preguntas, es importante que dicha información sea la apropiada para su edad y nivel de desarrollo.

Joan insiste en que le gusta estar desnudo, y que lo vio en la tele. En la actualidad, es probable que este sea el mayor problema durante la primera infancia, ya que muchos niños y niñas reciben las primeras informaciones sobre sexualidad a través de la televisión y a edades realmente tempranas. Por ello, acaban comportándose como si fueran mayores, por simple imitación, y así se refuerza, una y otra vez, la absurda y generalizada creencia de que las nuevas generaciones son más listas porque tienen más información. Lo cierto, sin embargo, es que esta se reduce a mensajes que todo el mundo entiende porque nacen del *marketing*, pero que a los niños y niñas no les sirven porque suelen estar impregnados de sensualidad, cuerpos erotizados, estereotipos de género e imágenes de la mujer como objeto, bastante explícitos en algunos casos, en los que no se respeta la intimidad y se traspasan los límites y el respeto al otro.

Además, todo ello se da a menudo en horario de protección al menor, recreando mensajes similares una y otra vez en los carteles con anuncios de la vía pública, en el metro y los autobuses, incluso en ciertos videojuegos a los que, aun siendo para mayores, los niños acceden con solo 8 años o todavía menos, porque juegan más con adultos[4] que solos o con niños de su edad, por la tendencia a tenerlos controlados en casa, aunque sea frente a una pantalla. Los padres entrevistados durante la redacción de este libro aseguran que juegan con sus hijos porque estos tienen increíbles habilidades digitales, sin pararse a pensar qué están consumiendo. Es por ello por lo que, mientras los niños y los preadolescentes sigan estando en el foco del *marketing*, resulta crucial la voz de padres conscientes que quieran integrar información sobre sexualidad en la educación que dan a sus hijos.

Más aun, en una sociedad que avanza hacia nuevos territorios donde se gestan nuevas formas de entenderla, algunas hasta ahora desconocidas, los más pequeños oyen conceptos que incorporan sin saber a qué se refieren y, en consecuencia, sin poder asimilarlos. Dichos conceptos sobre sexualidad se encuentran intercalados en todo tipo de discursos, en los cuales se ofrecen diferentes maneras de «ser niño», «ser púber» o «ser preadolescente», y que se definen a partir de nuevas formas de relacionarse.

Por tanto, este no es un libro que describa el sexo en

4. Mediante el primer estudio sobre con quién juegan los niños, llevado a cabo por Petra M.ª Pérez, catedrática de Teoría de la Educación de la Universidad de Valencia y miembro del Instituto de Creatividad e Innovaciones Educativas, observando el binomio familia-juego y que tiene como objetivo conocer la calidad y cantidad de juego y ocio familiar de padres y madres con sus hijos de entre 3 y 14 años, llegó a la conclusión de que los niños no juegan con sus vecinos (solo un 4,1 %), aunque sí con sus hermanos (63,8 %), con los que, no obstante, suelen llevarse bastantes años, con sus compañeros y amigos (27,4 %) y con los padres (53,2 %) y madres (59,1 %).

la infancia, sino uno que, fundamentalmente, da voz a los niños, a los adolescentes, y a sus padres, a fin de proporcionar información y compartir claves y estrategias para que tu hijo se conozca a sí mismo, descubra cómo funcionan su cuerpo y sus emociones, aprenda sobre su sexo y su sexualidad, y se acepte y exprese a través de ella cuando sea mayor. Pero también es un libro que ayuda a que cada familia decida cómo brindar la información que crea conveniente durante la primera infancia y la segunda, así como en la pubertad y en la adolescencia, enseñándoles a neutralizar los mensajes sexuales negativos y dañinos que por diversos canales llegan a sus vidas.

Cada capítulo está dedicado a una etapa evolutiva, mostrando qué necesitan saber los niños y las niñas a medida que crecen, pero teniendo en cuenta que cada uno también tiene un modo de ser y una curiosidad diferentes, por la que los padres descubrirán muchas pistas para ir por el buen camino que los conducirá a la consecución de sus objetivos.

Para tu bloc de notas...

Tu hijo aprende sobre sexualidad mucho antes de preguntar. Un niño solo ante una pantalla, en un entorno en el que a menudo los adultos están física o mentalmente ausentes, no puede hacer otra cosa que absorber lo que le dan. Cuando los padres creen que sus respuestas sobre sexualidad son la primera aproximación que sus hijos tienen a la misma, por lo general se equivocan. Y es que la sociedad de la transparencia puede tener muchas ventajas, pero lo cierto es que los niños y los preadolescentes se han acostumbrado a vivir en un mundo mucho más explícito que el de sus padres, y eso incluye el sexo y la sexualidad. En este entramado, los padres pueden acompañar su crecimiento con una actitud positivamente abierta, de disponibilidad y escucha, para que los niños puedan sentirse libres en su propia exploración, a la vez que confiados para preguntar aquello que les provoque inquietud, o despertar el deseo de conocimiento tanto de su propia sexualidad como de la de otros. Desde este punto de partida, los adultos pueden ofrecer contextos saludables donde el niño se sienta cómodo y pueda conocerse con naturalidad.

«Mamá, ¿qué significa...?»

Al finalizar el entrenamiento de tenis, dos niñas de 8 años se hablan al oído y ríen mientras se dirigen a las duchas. Una de ellas está ruborizada, la otra la tranquiliza: su madre le ha explicado los cambios que experimenta el cuerpo femenino durante la pubertad. Así que, con total confianza, se vuelve y le dice a su madre, que camina lentamente detrás junto a un grupo de padres, mientras guarda la raqueta en la funda: «Mamá, una cosa: mi amiga quiere saber qué es masturbarse. Lo escuchó de su hermano. ¿Tú lo sabes? Parece que es algo relacionado con el sexo.» La madre de la niña rastrea, azorada, una respuesta, y solo se le ocurre una: «¿Y no podías haber esperado a llegar a casa para preguntármelo?»

Ahora bien, la cuestión es: ¿cómo podemos los padres aprender a ser las personas más adecuadas para informar a nuestros hijos?

1

Padres que educan sin complejos

> No limites a tu hijo a tu propio aprendizaje, porque él nació en otra época.
>
> RABINDRANATH TAGORE

¿Cómo ayudar a nuestro hijo a comprender su sexualidad desde temprana edad? Sin duda, esta es una de las preguntas que más preocupan a los padres. Sin embargo, es posible dar los primeros pasos teniendo en cuenta dos aspectos fundamentales:

1. Que la sexualidad de nuestro hijo necesita mensajes adecuados a cada una de las etapas de su crecimiento.
2. Que tiene que haber coherencia entre lo que se dice y lo que se transmite mediante el lenguaje no verbal.

Como consecuencia de esto, en algún momento los padres necesitarán reflexionar sobre su propia sexualidad. Por ejemplo, si le decís a vuestro hijo que se sienta libre de preguntaros, pero advierte que la ansiedad os invade, será muy complicado mantener una conversación natural que le ayude a integrar nuevas sensaciones por las que puede estar pasando.

De hecho, algunos comportamientos y actitudes de vuestro hijo que hagan que os resulte complicado hablarle, pueden ser el resultado de señales sutiles que él perciba, como la distancia emocional, o una actitud invasiva o lejana; no ponerse a su misma altura si es pequeño; el tono de la voz, así como la velocidad con la que le hablas (indicadores de tranquilidad o incomodidad), o la actitud corporal. En particular, porque son varios los canales por los que los padres transmiten ideas y actitudes sobre sexualidad, el modo en que se tratan los miembros de la pareja o cómo se relacionan estos con los amigos.

Pablo tiene 4 años. Entra en un supermercado con su padre. De repente se detiene en seco. Ve una modelo sin ropa interior y a tamaño natural que presume de su bronceado cubriéndose los pechos con ambas manos. «¿Está desnuda, y se le ven las tetas, papá?» El padre se pone tenso, responde «sí» y cambia de tema. El niño insiste. «Está desnuda, ¿no?»

Estos son algunos aspectos que pueden llevar la comunicación hacia otro lugar que no es el que nos proponemos.

- Responder con evasivas. Muchos niños, e incluso adolescentes, a menudo se sienten igual de confundidos cuando tienen dudas y sus padres les dan respuestas indefinidas que cuando se ven superados por un exceso de información inadecuada para su edad. En ambas circunstancias nadie les ayuda a entender qué pasa.
- Respuestas «a medias» colocan a los niños en un rol ambivalente: se habla pero no se acaba de decir lo necesario, porque el objetivo final es no continuar con la conversación.
- Mostrar una actitud de sorpresa, como si hubiéramos visto un ovni.
- Generar barreras de silencio por vergüenza a tratar el tema.
- Escuchar poco y hablar mucho.

Con el zoom hacia tus propias creencias

Así como la actitud de los padres acaba siendo un filtro ante la información sexual que se desea transmitir a los hijos, del mismo modo dicha actitud determinará el modo en que los hijos afronten en el futuro situaciones problemáticas. Por ejemplo, determinadas actitudes pueden repercutir en el aprendizaje de estereotipos de género, tanto en las chicas como en los chicos. Es por ello por lo que, a la hora de tratar temas de sexualidad con nuestros hijos, hay que observar de cerca cuáles son nuestras creencias, por si debemos cambiar de enfoque a fin de conseguir un mayor ángulo de visión. Esto es así, entre otras cosas porque tu hijo vive en una sociedad en que puede ver y acceder a una cantidad mucho mayor de opiniones y representaciones sobre el sexo que tú a su misma edad. A causa de esto, es probable que te sirva de poco intentar repetir, aun instintivamente, las mismas pautas con que fuiste educado.

Por ello, ante una pregunta directa, siempre hay que pensar en dos alternativas: 1) devolver la pregunta, o bien 2) dar una respuesta integral. Una información integral es la que resulta de una visión que integre varios aspectos de su persona.

Ante una pregunta directa se puede empezar por dar una respuesta dirigida más hacia la sexualidad que hacia el sexo, hablando de los cambios que se producen durante el crecimiento, de cómo se sienten los niños y las niñas cuando el cuerpo y las emociones cambian, o bien hablar de género, de valores y erotismo, de qué es la intimidad, o bien de la reproducción. En cualquier caso, no debemos tomar la pregunta como una demanda inflexible y cerrada.

Ahora bien, aunque es evidente que para tener una visión de 360° hay que observar las propias creencias, hay aspectos que conviene no olvidar en ninguna de las etapas de crecimiento de tu hijo.

1. Evita convertir una conducta sexual en un motivo de conflicto familiar.
2. No dejes de ofrecerle ayudas y alternativas que le permitan resolver e integrar sus dudas de forma positiva.
3. Busca la oportunidad para enseñarle cómo protegerse física y emocionalmente.

4. Educar también implica respetar lo que piensa el hijo y el que no esté de acuerdo, animarlo a que lo exprese y a que conecte con su interior, para que pueda observar qué le gusta y de ese modo encuentre caminos para tomar las mejores decisiones, más allá de lo que le impongan las modas o el grupo de amigos. Ello le ayudará a despertar el sentido crítico respecto de lo que ve y oye, a que no afecte al «¿quién soy?», al «¿qué quiero para mi vida?» y al «¿cómo lo puedo obtener?», pero que incluya un «¿qué pienso yo de esto?».

5. Transmítele que debe informarse en fuentes fiables de cuanto esté relacionado con su sexualidad, y que dude a la hora de llevar a cabo aquello que desconoce o porque sus amigos o amigas le dicen que lo haga.

6. Inspira buen ambiente para que pueda hablar de sus emociones, de modo que también vea reforzada su autoestima.

7. Enseñarle que, si está seguro de lo que piensa y mantiene una actitud responsable, no se preocupe por lo que piensen los demás.

8. Ayúdale a comprender que una vida sexual satisfactoria no tiene nada que ver con alcanzar un ideal, sino con aquello que lo haga sentir bien.

9. Apóyalo para que en cada etapa sea un poco más consciente de que el sexo es un aprendizaje permanente, y que requiere cierto esfuerzo para alejarse de estereotipos y una gran capacidad para entenderse a sí mismo.

10. Encuentra oportunidades para informarle sobre

los cuerpos irreales que ve en los anuncios, gimnasios, etc., para que no se obsesione con su imagen.

Para que los padres puedan reflexionar sobre la propia educación sexual recibida, reconociendo no solo qué ideas se tienen sobre el sexo y la sexualidad, sino también cómo es la relación con su propio cuerpo, con la verdadera causa capaz de disparar emociones y dudas exageradas ante las preguntas de los hijos, es importante que se tomen tiempo. Esto es: que sepan qué se va a transmitir y quién y cómo lo hará.

Para tu bloc de notas...

Si tu objetivo es que tu hijo tenga experiencias placenteras y seguras, libre de coacciones, y que sea feliz y capaz de defender, proteger, mantener y hacer respetar sus derechos, desarrollando al mismo tiempo su sexualidad de forma satisfactoria, el momento ideal para que empieces es uno: *el presente*.

Otras formas en que tu hijo aprende sobre su sexualidad

Los niños y las niñas adquieren un gran conocimiento sexual mediante creencias y comportamientos procedentes del entorno. Un niño de 8 años, con solo estar tres horas por las tardes atento al televisor, ya habrá visto más de cien veces escenas eróticas o cargadas de sensualidad en horario de protección al menor. Por ejemplo, mediante un simple anuncio de chocolate, helado, una bebida para adolescentes o bien el último disco para regalar el Día de los Enamorados. Un anuncio puede proporcionarle información sobre cómo se comporta eróticamente una chica que quiera seducir, o cómo tiene que comportarse un chico para conquistarla y qué hacer si no lo logra. Los niños también aprenden sobre sexualidad observando comportamientos sexuales de los adultos en general, de la familia a los amigos y amigas del padre o de la madre, por lo que comentan, por las creencias religiosas que comparten, por aquello que la cultura premia y por aquello que rechaza.

Cuestionario personal para padres sin complejos

¿Por qué un cuestionario para padres? En primer lugar, porque cuando a los padres no les resulta fácil educar a sus hijos en lo que a la sexualidad se refiere, es porque desconocen cómo hacerlo, o bien dudan a la hora de dar la información con la que cuentan, o porque creen que es mejor olvidar la que recibieron... si es que recibieron alguna durante su infancia.

Otros padres sienten vergüenza porque su educación o sus normas y valores culturales están trufados de prejuicios, entendiendo estos como una opinión previa, y por lo general desfavorable, de algo que conocen mal. O bien porque les resulta casi imposible mostrarse naturales en lo referente a temas relacionados con el sexo o la sexualidad.

Llevar a cabo un proceso de introspección y autoconocimiento, sustentado en la libertad, la aceptación y el amor, permite descubrir las verdaderas herramientas para aquello que desean transmitir y activar la escucha profunda y el respeto más íntimo de que son capaces.

Y es que cuando los hijos detectan que los padres hablan de sexualidad de modo afectado, o con esfuerzo, dejan de preguntar, de manifestar su curiosidad. Si la conversación es natural, tanto los niños como los adolescentes se sienten más relajados y confiados, lo que les resulta liberador. Está comprobado que los padres se comunican mejor cuando se han tomado tiempo para revisar su propia educación y sus ideas sobre sexualidad. Fundamentalmente, porque el significado que los adultos le dan al sexo no tiene nada que ver con el que sus hijos le dan a la sexualidad. Para estos se trata de un descubrimiento, tanto físico como emocional y social, y en consecuencia es también un motivo de inseguridad, dudas, fantasías... Un aspecto a tener en cuenta, ya que constituye una de las razones principales por las que los adultos necesitan reflexionar con detenimiento sobre cómo conciben su sexualidad, porque será lo que de manera consciente o inconsciente se le transmitirá al hijo, en relación con lo que puede o no hacer, sentir, desear, vivir o permitirse, tanto en el mundo privado en que desarrolle su sexualidad como en el aspecto público y social.

Otro motivo para que los padres reflexionen sobre su

sexualidad lo constituye el hecho de que, cuando de la sexualidad de la hija se trata, a menudo solo es la madre quien habla con esta, mientras que, en relación con los hijos varones, la mayoría de los padres o no hablan con ellos, o dejan de hacerlo a medida que van creciendo, en especial cuando llegan a la adolescencia. En general, los padres tampoco hablan de sexualidad con las hijas con la excusa de que con las hijas la cuestión es más compleja, o porque no soportan que haya tanta emocionalidad en la conversación, o tanta oposición, sin tener en cuenta que tales reacciones también están relacionadas con el desarrollo sexual y son esperables en dicha etapa. Justamente cuando hijas e hijos más lo necesitan, cuando llega el momento de afrontar las primeras experiencias de enamoramiento, en las que están en juego aspectos de la propia sexualidad, lo que más ocupa sus pensamientos.

La extendida tendencia a tratar temas relacionados con la sexualidad solo durante unos pocos años —del inicio de la pubertad al final de la preadolescencia, es decir, de los 9 a los 13 años aproximadamente—, resulta claramente insuficiente cuando lo que se quiere es educar también para prevenir experiencias dolorosas como la violencia de género, el abuso o las enfermedades de transmisión sexual...

Y es que, del mismo modo que preparar a tu hijo para los cambios que experimentará en su desarrollo no se reduce a darle información anticipada sobre el desarrollo de los órganos reproductivos, sino que incluye hablar sobre sus emociones, sentimientos, respeto, intimidad, aceptación, toma de decisiones, etc., mucho antes de que te haga las primeras preguntas sobre sexo ya habrá oído, pensado, incluso tal vez investigado en una sociedad que permite verlo todo de manera tan fácil. Así pues, anticiparse en la educación es la gran asignatura pendiente.

Josep y Sebastián son gemelos de 8 años. Su padre ha dejado el móvil en la mesa del comedor, al lado de donde ambos están haciendo los deberes. Se miran, lo acercan hasta colocarlo en medio de los dos. Abren el buscador, Sebastián escribe la palabra «sexo» y clican en varios *links*. Oyen que el padre se acerca, cierran el navegador del iPhone y siguen haciendo la tarea. El padre nunca habló de sexualidad con los hijos, del mismo modo que sus padres nunca lo hicieron con él. Cuenta que no supo cómo reaccionar cuando descubrió lo que sus hijos habían visualizado durante el tiempo en que fue hasta la cocina a prepararse un café.

¿Cuántos *links* sobre sexo aparecen ante un niño en 0,68 segundos? Haz la prueba. Alrededor de 452.000.000, así que solo con clicar dos *links* el niño obtendrá rápidamente información.

En estas circunstancias, ¿sigue siendo excusa para no revisar las creencias sobre decidir exactamente cómo actuar el hecho de no haber recibido ningún tipo de educación sexual en la infancia? Porque lo cierto es que si los padres no recibieron educación sexual, habría que considerarla como una educación sexual negativa.

Para tu bloc de notas...

Según la actitud de los padres, los niños aprenden si el sexo es bonito o feo, correcto o incorrecto, porque precisamente aquellos son un modelo de actitudes, hablen o no del tema. Que el niño no pregunte, no significa que no quiera saber. Puede que, sencillamente, no se anime a preguntar por el recelo que produce en él la actitud cerrada de sus padres. De modo que, para empezar a abrirte, recuerda esto: si no sabes qué responder cuando tu hijo se atreve a preguntar, aplaza la respuesta un par de horas. Di algo como «Mmm... tu pregunta es interesante; lo averiguaré», y no dejes pasar más de dos horas, ya que tu hijo podrá conseguir la respuesta por sí solo, y lo cierto es que de otras fuentes que no seas tú *solo obtendrá un mínimo porcentaje* de información buena y fidedigna.

Preguntas para consultar con la almohada

Las preguntas de este apartado tienen por fin ayudarte a reflexionar. Nada más. No son un test para que compruebes cuánto sabes sobre sexo o sexualidad, ni para que te clasifiques como buen o mal padre o madre. Nada de eso. Es solo para que tomes contacto directo con tu visión de la sexualidad y con los recursos con que cuentas para crear un ambiente de confianza y disponibilidad al diálogo, potenciando los mejores elementos de que dispones.

No se trata de que tengas que renunciar a tu propia historia, aunque tal vez necesites reconocer que ha habido avances y que con buena información es posible dar a los hijos una educación un poco mejor que la que tú recibiste. Porque deseamos que nuestros hijos puedan ser y expresarse como son, teniendo en cuenta que cada familia canalizará sus demandas de acuerdo con sus propios valores y creencias, encontrando su propia manera de dar respuestas.

1. ¿Recuerdas cómo reaccionaban tus padres ante los temas relacionados con tu sexualidad?
2. ¿Cómo fue la educación sexual que recibiste en tu infancia?
3. ¿Cómo fue sexualmente tu adolescencia?
4. ¿Qué fue lo más difícil de tu desarrollo biopsicosexual?
5. ¿Qué aprendiste y te sirve ahora de adulto?
6. ¿Qué pensabas del sexo opuesto entre tus 13 y 15 años?
7. ¿A qué edad te sentiste atraído sexualmente?
8. ¿Te enamoraste platónicamente? ¿A qué edad?
9. ¿Cómo te sentías con los cambios de tu cuerpo?
10. ¿Qué cambiarías de tu cuerpo si pudieras?
11. ¿Qué es para ti lo bueno y lo malo de ser hombre o mujer?
12. ¿Qué temas te inquietan sobre la sexualidad de tu hijo o de tu hija en la actualidad?
13. ¿Te sientes predispuesto a educar o hablar de sexualidad con tu hijo o tu hija desde una visión integral?

14. ¿Quién fue la primera persona que te habló de sexualidad? ¿Cómo lo tomaste?

15. ¿Cómo definirías tu actual visión sobre la sexualidad?

16. Describe cinco valores positivos de la sexualidad.

17. ¿Te gustaría que tu hijo tuviera los mismos valores que tú?

18. ¿Crees que tienes algún límite del que hasta ahora no habías sido consciente para hablar abiertamente de sexualidad con tu hijo?

19. ¿Te animaban de pequeño en tu familia a expresar tus preocupaciones sexuales? ¿Estaban tus padres dispuestos a responder de manera franca y honesta a tus dudas sobre la sexualidad?

20. ¿Se hacían chistes subidos de tono de índole sexual en tu familia cuando eras pequeño? ¿Sentías vergüenza? ¿A qué edad?

21. ¿Crees que hablar de sexualidad con tu hijo puede animarlo a que se vuelva más activo sexualmente antes de tiempo, o crees que no ejercería ninguna influencia al respecto?

22. ¿Crees que hay que demorar hasta los 10 o 12 años las charlas sobre sexualidad con los hijos para que no crean que pueden tener una actividad sexual precoz?

23. ¿Crees que los padres son los principales responsables de la educación sexual de sus hijos? ¿Por qué?

24. ¿Crees que tienes el conocimiento suficiente, acorde a la edad de tu hijo, para comprenderle si su visión de la sexualidad es diametralmente opuesta a la tuya en la adolescencia?

25. ¿Consideras que hablar de sexualidad es una oportunidad ideal para integrar temas relacionados con los estereotipos de género que le servirán para la vida?
26. ¿Crees que hay que mentir a los hijos cuando preguntan sobre el cuerpo, la sexualidad o la reproducción, o consideras que tienes recursos para adaptar las explicaciones?
27. ¿Educarías en valores diferentes a tus hijos según el sexo?

Escribe en tu bloc de notas a qué conclusión has llegado, cuáles son tus puntos fuertes y cuáles tus carencias a la hora de alcanzar el objetivo.

Para tu bloc de notas...

Si las preguntas que te hace tu hijo parecen las de un niño *mucho* mayor, o si se pone nervioso ante los temas relacionados con el sexo, suele ser una señal inequívoca de que está recibiendo más información de la que puede asimilar. Lo importante es que no te dejes impresionar por lo que pueda saber. Los niños pueden vestirse con un traje de sus padres, pero quien está dentro de este solo es un niño.

2

Cargando nuevas coordenadas para el GPS parental

> ... aunque el niño no sea un mero espectador pasivo en el proceso de su socialización, son los adultos quienes disponen las reglas del juego.
>
> *La construcción social de la realidad*[5]

Saber cuál es el mejor camino para acompañar la sexualidad de tu hijo en un mundo interconectado y globalizado constituye un gran desafío. Más aún si pensamos que en los últimos veinte años han cambiado muchas cosas, tanto en la esfera social como en la referente a la sexualidad.

Es por ello por lo que, además de tener en cuenta la

5. Berger, Peter y Thomas Luckmann, *La construcción social de la realidad*, Amorrortu, Buenos Aires, 1984 (1968).

edad de tu hijo, es importante que actualices las coordenadas del nuevo terreno en el que te vas a mover.

Activar el GPS parental en este sentido, para acompañar a tu hijo en el desarrollo de una sexualidad satisfactoria, implica reajustar la información a lo nuevo que sucede en el mundo. Por ejemplo, a diferencia de cómo has sido educado en tu infancia o adolescencia en lo que a la sexualidad se refiere, guste o no, vivimos en una sociedad donde la idea del sexo rápido y muy excitante se cuela permanentemente a través de los medios de comunicación social, generando, por ejemplo, inseguridad y sensación de impotencia entre los más jóvenes, despojándolos de la idea de que la sexualidad es un aprendizaje para el que hay que tomarse un tiempo. De igual modo, el auge del neomachismo entre adolescentes, sobre el que escribí hace unos años,[6] es el resultado de viejas ideas de privilegio del varón sobre la mujer, expandidas rápidamente a través de las redes sociales, los blogs, etc., que han acabado por dibujar un nuevo perfil de chico controlador, el que cuida su aspecto, es educado, delicado, y estéticamente afín a un perfil más andrógino, pero que no deja de ejercer un sádico ejercicio de poder sobre su pareja. A menudo, dicho perfil estético confunde a los padres de esta, porque el discurso de estos chicos también es igualitario, ya que su madre y hasta su abuela están integradas en el mercado de trabajo, pero el discurso, aunque aprendido, es pura fachada. De hecho, hay una moda en paralelo a la lucha por la igualdad entre hombres y mujeres que consiste en equi-

6. Rodríguez, Nora, *El nuevo ideal del amor en adolescentes digitales*, Desclée, Bilbao, 2015.

librar estéticamente las diferencias sexuales. Si hasta hace unos años era necesario mostrarse siempre muy «varonil», porque lo contrario a no «ser hombre» era ser homosexual, hoy la tendencia a la androginia no salta únicamente de la moda a la publicidad en un permanente camino de ida y vuelta, sino que es también una de las maneras en que las nuevas generaciones entienden su sexualidad. Mientras hay una explosión de neomachismo sutil y obsesivo que entiende a la mujer como objeto de posesión y llega a la perversión, independientemente de que se esconda tras rostros con facciones frágiles, etéreas y asexuadas en jóvenes de 12 a 17 años, también hay muchos jóvenes con aspecto andrógino que ni de lejos tienen estas ideas. Asimismo, existen otras transformaciones sociales que afectan al modo de educar la sexualidad. Por ejemplo:

1. Antes la sexualidad y el sexo se ocultaban, al menos en parte, mientras que hoy no solo se han hecho excesivamente visibles, sino que el mandato es exponerse, por ejemplo, a través de las redes sociales, un mandato en el que interviene también el *marketing* y al que obedecen preadolescentes y adolescentes con el fin de percibirse como más reconocidos.

2. Muchos temas considerados tabúes han perdido esa categoría y se muestran como algo «normal»; por ejemplo, el fetichismo.

3. La sexualidad impregna todos los espacios, mediante un erotismo cosificado y con imperativo de goce por encima de todo, acompañado de una ba-

nalización del sexo unido a la idea de consumo como parte de una satisfacción exclusivamente corporal.

4. La idea de una sexualidad mecanizada, más cercana al cuerpo como instrumento narcisista, y la creencia de que para alcanzar el placer es fundamental trabajar al máximo el cuerpo con proteínas, hormonas y gimnasio, cuando ello nunca va a garantizar un alto rendimiento, sino una profunda sensación de decepción.

5. La permanente difusión de cómo conseguir más placer mediante diversas prácticas sexuales crea la ilusión de que el cuerpo, tanto el del otro como el propio, se reduce a las zonas erógenas, y que basta con conocer trucos para disfrutar más como garantía de una vida sexual plena. Como consecuencia de ello, los jóvenes llegan a creer que tener buen sexo y una buena sexualidad es «usar» bien el manual de instrucciones y guiarse por programas que consiguen en *links* gratuitos.

6. Respecto a la tendencia a enamorarse en las redes sociales, se trata de relaciones altamente emocionales descorporizadas,[7] que pueden durar años únicamente a través de internet, con una gran falta de placer debida a una comunicación fragmentada en la que predominan las expectativas de encuentro futuro mientras se da por bueno el efímero contacto a distancia, manteniendo bajo control las inseguridades y vulnerabilidades.

7. Op. cit. nota 5.

7. El uso de un neolenguaje adecuado a un tipo de relación en la que las personas no se tocan ni se ven. Mientras el cuerpo no aparece, porque la relación no llega al mundo real, se ocultan defectos, enfermedades y reacciones imprevisibles del cuerpo, como las erecciones a destiempo propias de la adolescencia. El lenguaje críptico y de frases en espejo salva esta clase de contacto, manteniéndolo en un voyerismo narcisista.

8. Los llamados «neosexuales», chicos y chicas preadolescentes y adolescente excesivamente seductores que evitan encuentros sexuales corporales, porque el verdadero éxtasis está en la escenificación, en lo masivo.

9. El auge de estereotipos en la forma de entender la sexualidad que se dejan llevar por ideologías de consumo.

¿Cómo dar el primer paso?

Si bien lo ideal es empezar los diálogos con los niños con preguntas abiertas, lo cierto es que si son pequeños hay que aplicar otras estrategias. Alrededor de los 2 años, cuando para ellos la curiosidad puede más que cualquier otra cosa y deambulan por la casa en busca de nuevas experiencias, es importante no confundir la verdadera madurez que en muchos aspectos de su desarrollo alcanzan a dicha edad, con actitudes a las que llegan por imitación, sin saber bien por qué lo hacen. De modo que los padres necesitarán cambiar su enfoque, entendiendo que el bebé absolutamente dependiente a veces da paso al niño que desea pasearse desnudo por la casa sencillamente porque es feliz quitándose la ropa. En estos casos, lo mejor es enseñarles la importancia de la privacidad. Por ello, los padres también tendrán que revisar su propio concepto de privacidad, ya que a la hora de decir a su hijo «Hay cosas que no se hacen delante de otras personas», serán más convincentes si obran con el ejemplo. Es esta una etapa en que los niños empiezan también a tener un mayor control de esfínteres, por lo que resulta paradójico que muchos padres que inculcan la privacidad permanezcan en el lavabo cuando en este se hallan sus hijos. Para ser coherentes, lo ideal es que se les permita disponer de privacidad en esos momentos, que perciban que se encuentran en su espacio, y que los padres solo intervienen para ayudarlos en la higiene o controlarlos si son pequeños dejando la puerta entreabierta. Estas enseñanzas estarán preparando el territorio mental y emocional para cuando llegue el momento de explicarles el concepto de abuso, entre los 4 y los 7 años. Pero para ello es vital respetar en todo momento, dar al respeto un lugar preponderante, en especial durante la primera y la segunda infancia, enseñándoles a diferenciar entre lo privado y lo público.

La anterior es una tarea fundamental de los padres, porque es esencial transmitir al pequeño que hay zonas del cuerpo más íntimas que otras, que solo él, o las personas a las que se lo permita, puede tocar su propio cuerpo.

Nunca olvidaré cuando a los 3 años mi hijo se negaba a besar a los familiares menos cercanos y a desconocidos.

Le habíamos autorizado a no besar a cualquier persona que se lo pidiera, sobre todo si no lo deseaba o no le gustaba. Así que lo aplicó, literalmente, tal como lo había entendido. A menudo se obliga a los niños a besar a todos los miembros de la familia, y si no lo hacen demostrando amor y sinceridad, se los conmina a volver a hacerlo, una y otra vez, hasta que se les marca el límite, cuando lo cierto es que a menudo los adultos solo besamos a la familia extensa por cortesía. En otra ocasión, cuando mi hijo tenía aproximadamente la misma edad, la cajera de una tienda de deportes le preguntó su nombre, y él se lo dijo. Después, ella le ofreció unos caramelos (que por cierto eran los que a él más le gustaban) y le dijo que se los daría a cambio de un beso. Obviamente, debido a la enseñanza que había recibido él no lo hizo. La mujer le ofreció un puñado aún mayor, pero él volvió a negarse. Yo me alegré de que mi hijo no aceptara el chantaje, lo que no esperaba era que él, con un rápido movimiento, se hiciera con unos cuantos caramelos arrebatándoselos a la mujer y los arrojara al suelo. La mujer me «reprochó» la mala educación que daba al niño, y añadió que debía enseñarle a dar besos. Naturalmente, le dije que en su lugar, con esa forma de tratar a la gente, yo tampoco se los daría, y nos fuimos tan contentos. A veces, los adultos no somos conscientes de los chantajes y manipulaciones a que están sometidos los niños, y cómo ello influye en la manera en que más tarde entienden cómo desenvolverse en situaciones en las que tienen que discernir cuáles son sus deseos y cuáles no.

Para tu bloc de notas...

Educar en la privacidad exige mirar con perspectiva. Los adultos han de reflexionar acerca de qué significa «no invadir», pues así enseñarán a delimitar la frontera entre lo íntimo y lo público, al tiempo que los hijos aprenderán mejor cómo cuidar su cuerpo. Para mirar en perspectiva es importante que te convenzas de que la información que des a tu hijo siempre será mejor que la que le llegue por otros canales. Contrariamente a lo que suele creerse, para tu hijo es mucho más tranquilizador conversar abiertamente contigo que el bombardeo de información que puede recibir por parte de los amigos en la segunda infancia, en la pubertad o en la adolescencia, incluso si se encuentra en la etapa en que los amigos son para él más importantes que la familia. Porque lo cierto es que, tanto los niños como las niñas, mucho antes de interrogar a los padres reciben una cantidad de información que les genera gran ansiedad. Recuerda esto: tu hijo construirá gran parte de su sexualidad según cómo sea educado, querido y respetado. No te preocupes si al hablar con él ves que bosteza o parece aburrido... Si crees que esa conversación es necesaria en ese momento concreto, te escuchará; quizá no capte todo lo que le dices, pero de algo se enterará, o tal vez reconfirme lo que ya sabía. Cuando la madre y el padre se toman en serio la educación sexual de sus hijos, estos se sienten fortalecidos, y por eso en charlas sucesivas suelen ser ellos los que guían la evolución de la conversación y el momento de acabarla.

Responder es transmitir una nueva visión

Si imaginas que responder los interrogantes de tus hijos sobre sexo y sexualidad es similar a un ejercicio de preguntas y respuestas, como si se tratara de un examen, lo cierto es que no es así. Responder es proporcionarle una nueva visión de algo que sabe a medias, que ignora pero respecto de lo cual ya tiene elementos para comprender, o bien compartir valores y creencias propios de su familia. Tampoco se trata de responder a todas y cada una de sus preguntas, sino de acompañarlo y ayudarlo a integrar la curiosidad, los cambios físicos y las dudas. Por ejemplo:

Cuando los hijos tienen alrededor de 4 años, los padres probablemente necesitarán explicarles de dónde vienen los bebés. Para ello, hay que cambiar el enfoque con que te manejabas cuando tu hijo tenía 3 años. Ahora quizás hable de ello con cierto desparpajo, pero al acercarse a los 7 años es probable que creas que alguien te lo cambió por otro niño que solo se le parece en apariencia. A los 7 años es posible que tu hijo no quiera oír hablar de sexualidad (ni de nada relacionado con el sexo), porque es una etapa en la que, si bien aparentan ser más atrevidos, muchos sienten vergüenza porque descubren sensaciones de placer, relacionadas con su propio cuerpo, con las que no saben cómo manejarse. Siendo plenamente conscientes de ellas, preferirán compartirlas con sus iguales.

Cuando los padres asumen que «responder» implica ayudar a sus hijos a mirar de otro modo, descubren infinidad de oportunidades para crear situaciones propicias, tanto en el hogar —compartiendo algo que estén leyendo, escuchando o viendo en la televisión— como de camino a la escuela, en una fiesta, en otra ciudad durante las vacaciones o en el parque donde juega cada día, porque lo cierto es que no se trata de un acto formal ni de soltar un discurso. Solo se trata de empezar la conversación con un «¿Qué piensas de esto?», y luego seguir con preguntas abiertas que te permitan reflexionar sobre qué es importante decir en ese momento, porque lo realmente maravilloso es que son los hijos los que acaban trazándonos el camino por el que llegaremos a nuestro objetivo.

Para tu bloc de notas...

Estas son algunas de las cuestiones que necesitarás tener en cuenta antes de hablar de sexualidad con tu hijo, especialmente si por algún motivo te resulta difícil.

1. Antes de comenzar a hablar baja el ruido de tu mente, presta atención a lo que pasa en tu interior y concéntrate en dos conceptos clave que desees que tu hijo interiorice. Esto también te servirá para enseñarle a organizar sus ideas cuando no sepa cómo expresar lo que le pasa y quiera confiarse contigo.
2. Si aún percibes que la situación te supera, respira hondo tres veces, lentamente. Esto será suficiente para oxigenar todos los tejidos y beneficiar el cerebro, porque así estimularás todas las funciones del sistema nervioso, con lo que la actividad de

este se equilibrará y podrás pensar con mayor claridad.

3. En ningún caso des una respuesta apresurada. Primero observa, una, dos, tres veces, y solo después habla. Observa cómo reacciona tu hijo a medida que recibe la información que le transmites. Es probable que si las reacciones que manifiesta son de incomodidad tu sexto sentido te diga que es mejor dejar la conversación para otra oportunidad. Si tu hijo desea o necesita saber más, te lo hará saber. De modo que no le preguntes directamente si no crees estar preparado para su respuesta. Puedes decirle: «Espero haber resuelto tus dudas», y aguardar a ver qué responde. Algunos niños no piden información si perciben que el padre o la madre se siente incómodo ante una pregunta sobre sexo. Recuerda que, contrariamente a lo que se cree, los niños no adoran hacer preguntas incómodas para ponerte a prueba. Esto sería tratarlos como adultos. Ellos hacen preguntas que son incómodas tal vez para ti. En cualquier caso, no dejes de hacerle saber que estás ahí para ayudarle a encontrar respuestas.

Prepárate para repetir las cosas que ya le explicaste, y más aún las que no te agradan. ¡Nos ha pasado a todos! Si crees que no estás capacitado para tratar algunos temas, vuelve a leer el capítulo correspondiente a la edad de tu hijo. También puedes pedir ayuda al pediatra, a un pariente, a alguien de la familia extensa. No obstante, ten en cuenta que hacer intervenir a otros puede acabar desautorizándote. Es mejor que prepares bien cómo hacerlo y seas tú quien lo afronte. Como norma general, responde brevemente o, si deseas que él reflexione, repite sus preguntas. Usa un lenguaje adaptado a la edad de tu hijo.

4. Para acabar la conversación con un mensaje positivo, confecciona mentalmente una lista de aquellas cualidades de tu hijo que lo hacen feliz. No tanto si saca buenas notas o si es inteligente, sino sobre su capacidad para entender, resolver problemas, ayudar a los demás, todo aquello que tenga más que ver con sus capacidades sociales, en suma. Esto es de gran ayuda, porque le permitirá revivir fácilmente emociones positivas, y una conversación en la que le permitas ser feliz siendo tal como es siempre dará mejores resultados. Lo estarás autorizando a que explore, en sí mismo, sus propios recursos, por la sencilla razón de que le estarás demostrando que lo aceptas. Recuérdale que tiene capacidad para reflexionar, tomar buenas decisiones, resolver problemas, asumir cambios... Todo ello activará su fortaleza interior.

5. Busca estar en consonancia con sus emociones. Esto significa despertar la empatía al máximo nivel para que él también perciba la sensación de estar mentalmente conectados. Por fortuna, las neurociencias demuestran que el aspecto social del cerebro nos permite estar conectados como si un hilo invisible nos uniera, independientemente de la edad del hijo. Esta conexión y una buena comunicación sincera harán el resto.

6. Acepta que la sexualidad es lo que somos. Esto te ayudará a reconocer avances, dificultades, miedos, pudores, sin caer en estereotipos.

7. Para enfrentar sus altibajos emocionales, producidos por sentimientos y sensaciones desconocidos, tu hijo necesita tener alta su autoestima. Para ello, inspírale para que haga una lista mental de sus cualidades. Es decir, ayúdale a ampliar su autoconcepto, porque lo que crea de sí mismo es importante en un período de tantos cambios. Piensa que desde la primera infancia hasta la adolescencia, pasará por importantes cambios físicos y psicológicos que influirán en su personalidad.

8. Demuéstrale lo agradable que es como persona, cuéntale cómo era su cuerpecito de pequeño y cómo ha ido cambiando a medida que su manera de entenderse también lo ha hecho. Los niños y los preadolescentes tienen una interpretación propia de sus cambios. Ayudarle a construir una imagen sana de su propio cuerpo es vital en una sociedad en la que están bombardeados de imágenes irreales de cuerpos de diseño. Hacia los 18 meses, cuando los niños buscan experiencias relacionadas con el movimiento, paralelamente toman cada vez más conciencia de su cuerpo, pero mucho antes puedes ayudarle con un masaje suave y lento desde la cabeza hacia los pies, solo por el contorno del cuerpo, dos o tres veces, para que perciba sus límites.

9. Abre otras expectativas en su vida, como espacios para el deporte, viajes, experiencias artísticas vin-

culadas a la música o la pintura. Ayudarle a ampliar sus relaciones. Proponerle actividades para encontrar nuevos amigos. Esto tiene por objetivo tener experiencias enriquecedoras durante el proceso de cambio, pero también prevenir el encierro y el aburrimiento que acaba por hacerlos dudar de cómo o quiénes son en una etapa en que es crucial el contacto con sus iguales.

La historia de Manuel

Los padres de Manuel lo llevaron al colegio el día que la venta de los uniformes era solo para niños de su edad, 8 años, donde habría más de doscientas personas. Y Manuel no tuvo mejor idea que, junto a un niño que acababa de conocer y sus padres, volverse de repente para gritarle a su padre, que estaba en la otra punta de la sala: «Acabo de hacer un nuevo amigo. Cuando volvamos a casa me tienes que explicar qué significa masturbación.» Mucha información necesaria para los niños se pierde en el camino, y son temas que se necesita tratar desde que son pequeños. Por otra parte, hay una increíble cantidad de ideas erróneas que todo padre y toda madre necesita desterrar para educar sin estrés. Muchas de estas ideas, que llegan de diferentes ámbitos, hacen que los adultos den un significado equivocado a la sexualidad de los niños. Las palabras sobre sexualidad de los niños parten de motivaciones relacionadas con la curiosidad, la observación, el autodescubrimiento, el juego de la exploración, la imitación o la identificación. Por ello, interpretar las expresiones de su sexualidad desde la óptica del adulto, con creencias erróneas, puede llevar a atribuir a palabras que usan los niños significados que no tienen. Si se acepta que la sexualidad es lo que somos y lo que nos construye como seres humanos, entonces es fácil aceptar que la educación sexual es fundamental y básica para el desarrollo de una niña o un niño. Debe darse educación sexual a nuestros hijos para que sepan reconocer los propios deseos, saberes, avances, dificultades, miedos, pudores, etc., y empezar a aceptarlos. Porque solo desde el autoconocimiento es posible llevar a cabo una educación afectivo-sexual sintiéndose bien.

Para tu bloc de notas...

Cuando los padres logran ser verdaderos guías, los hijos crecen satisfechos con su sexualidad. Por ello, resulta imprescindible desterrar la idea de que la sexualidad se limita a explicarles el desarrollo del cuerpo o la madurez de los genitales femeninos o masculinos. Un enfoque adecuado en cada etapa busca ayudarlos a comprenderse y a que puedan ser fieles a sí mismos en todo momento. Porque para ellos no es nada fácil hacerse mayores. Si bien se trata de un tránsito ineludible para todos, cada uno lo hará a su manera, y nadie, absolutamente nadie, tiene un molde que permita llegar de una manera única e igual para todos hasta la adolescencia. Esta es una de las razones por las que tal vez al principio los padres se encuentren con una muralla cuando quieran hablar con los hijos. Si es así, paciencia. En algún momento ellos tendrán dudas y se acercarán por sí mismos con la gran pregunta: «¿Qué me ibas a decir el otro día?» Cuando ellos dan el paso de este modo, es importante no confundir roles, no ser «colegas» que se cuentan sus «batallitas eróticas». No hay que pasar de un extremo de no saber nada al otro de saberlo todo y dar lecciones que nadie querrá escuchar. En cualquier caso, nunca permitas que nadie ante sus preguntas sobre sexo o sexualidad se burle o se ría, porque esto le hará sentirse avergonzado. También protégelo si alguien se enfada y quiere culpabilizarlo por una pregunta que el niño ha hecho con naturalidad. Puedes explicarle que hay sitios más privados para formularla, pero nunca debes hacerle sentir que ha hecho algo grave. Asimismo, no permitas que nadie le haga descripciones innecesarias; nadie debe ser meticuloso en detalles, es decir, nadie tiene que tratar a tu hijo como si fuera mayor que su edad, con más experiencia o como si debiera comprender aspectos que solo competen a los adultos. Solo necesita una narración fácil de comprender. Puedes consultar en los diferentes capítulos de este libro para ver cómo contestar en cada edad. En la infancia, la capacidad para entender es acorde al desarrollo. Creer lo contrario es inadecuado. Para adecuarse a la edad de desarrollo, ante cualquier duda, lo mejor es buscar información solo en lugares fiables.

3

«¡Es una niña!»

La sexualidad de tu hijo desde la vida intrauterina hasta los 3 años

> La clave es esta sofisticada forma de relacionamiento. El foco no es racional sino emocional. Es la habilidad de la madre de leer la mente y el cuerpo del bebé. Ella tiene la capacidad de aliviar la tensión del bebé, de calmarlo, de regular su estrés, pero también incide en su disfrute y entusiasmo. Es decir, no solo puede escucharlo, sino también regular sus emociones. Ella puede cambiar su conducta. Además, el apego otorga al bebé una sensación de seguridad.»

Doctor ALLAN SCHORE[8]

8. Entrevista al doctor, Allan Schore, profesor del Departamento de Psiquiatría y Ciencias Bioconductuales de la Universidad de UCLA; periódico *El Observador*, «La madre realmente moldea el

Si cierras los ojos unos instantes, seguramente podrás recordar qué sentiste el día que, aún con unos pocos meses de embarazo, supiste el sexo de tu bebé. A tu mente acudieron muchas de las fantasías que seguramente luego te acompañaron durante el tiempo que duró la gestación... Cómo sería la apariencia que tendría tu hijo, los rasgos de su cara... Saber su sexo también te permitió imaginar posibles características temperamentales y de personalidad. Hay madres que dicen: «Sabía que era niño porque era muy inquieto», o bien: «Sabía que era niña porque era tranquila.»

Convengamos que gran parte de las características que le atribuiste estuvieron influidas por tu idea sobre uno u otro sexo. De hecho, casi todas las madres cuentan que se han sentido más conectadas con su hijo durante el embarazo cuando supieron que era niña o varón.

Algunos estudios interesantes en los últimos años han demostrado que saber el sexo del hijo aumenta un tipo particular de emociones, según sea niña o varón. Las investigaciones de Sylvain Missonnier, profesor de psicopatología clínica perinatal y de la primera infancia en la Universidad René Descartes (Sorbona), demuestran que la relación de los padres con el hijo realmente cambia a partir de las primeras ecografías y cuando los padres saben el sexo del bebé, fundamentalmente porque para los padres, más que un examen médico, es un *pronto encuentro social* con el hijo, algo así como un lugar en el vientre de la madre en el que se concentra una increíble cantidad

cerebro del bebé durante el primer año de vida»; Montevideo, Uruguay; 11 de noviembre de 2012.

de deseos, ilusiones, dudas, expectativas y miedos propios de cada uno.

¿Son estos primeros encuentros con el sexo del hijo el primer paso en la construcción de la sexualidad del bebé durante la vida prenatal?

Al parecer, solo habría que pensar qué ocurre cuando el diagnóstico de sexo no es correcto y algunos padres lo viven como una verdadera calamidad. Ahora bien, ¿ocurre lo mismo cuando los padres conocen todos los cambios de índole sexual que se producen durante el desarrollo embrionario? No solo la respuesta ante un posible error de visualización de la ecografía es diferente, sino que entienden la sexualidad del hijo de un modo más relajado.

1. **Sexo cromosómico.** Se refiere a la unión del óvulo y el espermatozoide, que, a diferencia de las células somáticas, tienen 22 cromosomas cada uno más un cromosoma sexual. Este cromosoma sexual puede ser X o Y para el espermatozoide, y solamente X para el óvulo. Al unirse ambas células, el nuevo ser tendrá 44 cromosomas somáticos; si es mujer, dos cromosomas sexuales iguales X; si es varón, entonces dos cromosomas desiguales X e Y. Ahora bien, lo que define la diferencia sexual es el contenido genético de estos cromosomas.

2. **Sexo gonadal.** Antes de la octava semana de gestación resulta imposible saber si el embrión es genéticamente masculino o femenino. De hecho, es hacia la séptima semana cuando la gónada primitiva es estimulada. En los varones, un gen del cromosoma Y permitirá que la gónada se desarrolle como

masculina y se convierta en testículo; mientras que la ausencia de cromosoma Y es lo que hará que la gónada se diferencie naturalmente como femenina y se desarrolle el ovario.

3. **Sexo hormonal.** El testículo sintetiza y libera dos hormonas. Una de ellas es la testosterona, que influirá en las características del sistema nervioso central y generará secreción de hormonas no cíclicas para el varón. Para la mujer, la producción hormonal es cíclica y no hay influencia andrógina producida por la testosterona.

4. **Sexo genital interno.** Mientras que una hormona inhibe una parte del desarrollo sexual (conductos de Müller), la testosterona favorece el desarrollo de los conductos que darán origen al epidídimo, el conducto deferente, la vesícula seminal y el conducto de la eyaculación. En la mujer, los conductos de Müller no son inhibidos, de modo que se desarrollan y dan origen a las trompas de Falopio, el útero y el tercio superior de la vagina.

5. **Sexo genital externo.** Los genitales externos derivan de órganos que, en principio, son similares para ambos sexos. En el caso del varón, es a la octava semana cuando la testosterona sintetizada da origen al pene. En la mujer, el tubérculo genital da origen al clítoris, y las prominencias genitales permanecen separadas y forman los labios mayores y menores. A las catorce semanas, las estructuras sexuales internas del feto pueden identificarse y, alrededor de los cinco meses, la diferenciación sexual ya está completa.

6. **Sexo asignado.** Es el que se le otorga a la niña o al niño por sus genitales externos. Durante los dos primeros años más o menos, el sexo es el asignado según la apariencia de los genitales. En nuestro relato, niña, y a partir de este hecho la familia y el entorno reconocen a ese *peque* como tal. De este modo, irá interiorizando el sexo del que le dicen que es y, por lo tanto, se comportará según los padres esperan.

Lo que tú creas sobre el sexo, tu hijo lo percibirá desde antes de nacer

Algunos estudios científicos demuestran que las «emociones químicas» de la madre llegan al feto a través de diferentes vías, lo cual significa que el bebé evocará las mismas respuestas emocionales de la madre, junto con sus respectivas consecuencias y sensaciones fisiológicas.

Esto se debe a que durante la vida intrauterina los bebés tienen grandes capacidades perceptivas, cuyos mecanismos de interpretación transforman toda la información en sentimiento. ¡Realmente maravilloso! Si la madre se siente plena, satisfecha y feliz, es mucho lo que está haciendo emocionalmente por su hijo.

El hecho de que hasta los 2 años tu hijo se rija por la percepción, lleva a considerar que la construcción de la sexualidad comienza en la vida intrauterina, cuando adquiere un valor en la mente de los padres, porque es a través de estos que influye en la vida prenatal, con la misma fuerza con que influirá después del nacimiento.

Esta increíble capacidad perceptiva, en la que el bebé puede sentir las mismas emociones que la madre, se logra a través de dos canales. Uno, directamente relacionado con los órganos de los sentidos, se va perfeccionando a medida que estos se desarrollan a lo largo de la gestación: vista, gusto, tacto, olfato y oído. Es bien sabida la increíble capacidad auditiva que tienen los bebés durante el desarrollo intrauterino, pues son capaces de oír con extraordinaria nitidez no solo los sonidos internos de la madre, sino la voz de esta y los sonidos externos cercanos. ¡Prueba a poner una canción de los Rolling Stones al lado de una mamá que haya llegado al séptimo mes de gestación y verás si ocurre lo mismo que con música de Brahms!

El otro canal por el cual le llegan las emociones de la madre es la sangre de esta. Por el cordón umbilical el bebé recibe neurotransmisores u hormonas que producen en él las mismas reacciones y emociones que en la madre. Cuando la madre se siente bien, las endorfinas, que proporcionan tranquilidad y bienestar, producen lo mismo en el bebé. A la inversa, cuando la hormona que predomina es la del estrés, muchas de las sensaciones que produce en la madre también las siente el bebé.

La madre y el padre modelan mucho más que emociones

Lo que se conoce como «maternaje» es la posibilidad de adquirir durante el embarazo las cualidades de madre, que no se limitan al hecho biológico, sino que incluyen el desarrollo psicológico y emocional. Las percepciones que la progenitora tenga sobre su bebé y sobre sí misma no solo hacen que adopte su comportamiento para satisfacer las necesidades del hijo tanto durante el embarazo como después del nacimiento, sino también que esté más conectada con él. Es bien sabido que la madre puede comunicarse con su bebé de forma consciente hablándole y cantándole, o mentalmente a través de sus pensamientos (transmitiéndole emociones), o bien con el tacto poniendo sus manos en el vientre. La relajación y visualización ayudan a la comunicación entre madre y bebé que está por nacer, de modo que le pueda transmitir aceptación. Este es un aspecto importante, que significa: «Te amo y te acepto tal como eres.» De igual manera, el papel del padre es fundamental. Por un lado, en la relación de la madre con el bebé durante el maternaje, así como después del nacimiento. Si el padre conoce que su futuro hijo posee excepcionales capacidades perceptivas, puede colaborar con la aceptación del hijo —que este percibirá— iniciando un vínculo afectivo con él, acariciando el vientre de la madre, hablándole, enviándole sus mejores pensamientos de amor y aceptación. Y eso porque ni el padre ni la madre podrán evitar ser los más importantes educadores sexuales, influyendo en la manera en que el pequeño se vea a sí mismo, en sus actitudes sexuales futuras, en cómo vea su sexo asignado, en cómo se sienta... Existe toda una experiencia familiar en torno a la sexualidad de tu hijo, y eso determinará si va a tener hacia sí mismo sentimientos saludables y positivos. Es por ello por lo que, desde el nacimiento, es un derecho de tu hijo recibir una educación sexual realmente pensada.

«Aquí estoy, mamá»

Después del nacimiento, la construcción de la identidad de género adquiere otra dimensión. La identidad sexual que empieza en la vida prenatal cuando los padres descubren el sexo de su hijo, ahora da paso a un fenómeno más social relacionado con la sexualidad. Todas las personas que participan del nacimiento —padres, personal sanitario y familia extensa— harán pivotar la comunicación alrededor del sexo asignado, cambiando en ocasiones hasta el tono de voz (más aniñado si es niña, más grave y potente si es varón), incluso los halagos en relación con los atributos podrán girar en torno a conceptos como «belleza» para la niña y «fortaleza» para el varón. Algunas investigaciones ponen el acento en que solo después de la angustia de la separación (alrededor de los ocho meses), el bebé reacciona como una persona con vida independiente. Busca más contacto y satisfacción del hecho de estar apegado. Hasta ahora no había sido capaz de diferenciarse del ambiente ni de la madre. Esta incipiente nueva forma de relación con la madre, como principal figura de apego, es fundamental, porque es con quien empezará a construir su identidad, ya que si la necesidad de apego del hijo es satisfecha, el placer por la intimidad con la madre se fortalece. Cada vez que es abrazado, sostenido, contenido o amamantado, aprende que es querido, y también sobre la relación con su cuerpo. Y es que si bien todos los bebés nacen con necesidad de apego, cada vez que la madre lo abraza o amamanta está «diseñando» nuevas rutas de placer que afectan a lo psicológico, lo emocional y lo físico.

En este sentido, Françoise Dolto, médica pediatra y psicoanalista francesa, dice: «La lactancia o el biberón no solo representan la satisfacción de una necesidad alimenticia, ya que se trata de un momento de contacto corporal y comunicación; el bebé es también un ser de deseos.»

La madre —así como los cuidadores— es «el primer otro» relacionado con la satisfacción física. Es por ello por lo que durante el primer año de vida es muy importante la presencia constante del cuidador, para que satisfaga las necesidades que el bebé tiene de afecto, contacto y nutrición, pues el apego seguro es fundamental para un desarrollo independiente.

Algo más sobre el apego...

El apego es el contacto íntimo, informal, constante, frecuente y disponible todo el tiempo entre el bebé y su cuidador. De este modo no solo aprende a tocar y a ser tocado, sino a respetar y a ser respetado. Durante las interacciones con la madre y el padre aprende a comunicarse sensiblemente, a entender y a ser entendido, a mirar y a ser mirado, a reconocer y a ser reconocido, a ser aceptado... Otro aspecto importante en esta etapa es que el bebé conoce y reconoce tanto mediante la piel como mediante la boca, una vía de sensaciones agradables. Antes del año de vida, es probable que algunos bebés descubran que les agrada tocarse los genitales. La reacción de los padres tendrá que ser, necesariamente, de tranquilidad, sin tensiones innecesarias, ya que de lo contrario la criatura creerá que ocurre algo muy malo en el ambiente.

El bebé necesita vivir este proceso de forma absolutamente natural; de hecho, dura muy poco. Luego descubrirá, por ejemplo, que le agrada tocarse las orejas antes de dormirse. En ningún caso hay que perder de vista que se trata de una etapa de descubrimiento, y que descubrir los genitales tiene un efecto tan positivo como descubrir cualquier otra parte del cuerpo. Quizá por ello cuando tienen más de 2 años de edad conviene recordar la acertada frase clarificadora de Françoise Dolto: «Una vez más, la palabra de los padres es esencial para que asuman la sexualidad, incluyendo el placer.» Porque lo cierto es que lo que el niño experimente, lo que tímidamente vaya construyendo sobre su sexualidad dependerá también de las reacciones de los padres, así como de los mensajes que estos transmitan para referirse a su cuerpo, o las miradas que reciba... A esta educación se la conoce como «educación sexual no intencional», y abarca la dimensión sexual-afectivo-social del niño, directamente ligada a aquellas situaciones que le producen bienestar. Son lecciones positivas que le permiten trazar los primeros esbozos de una sexualidad futura con la cual sentirse cómodo.

Para tu bloc de notas...

Descubrir sensaciones placenteras en el propio cuerpo es un síntoma de salud en los niños. Es el modo que tienen de diferenciar las sensaciones que les producen los estímulos que reciben, y de saber qué sienten cuando son queridos y respetados. Durante los primeros meses de vida también es probable que ya se produzcan reacciones, como erecciones, e incluso conductas autoexploratorias en la zona genital, en respuesta a estímulos placenteros como el baño o la lactancia. Los niños que han sido abandonados o que están en situación de acogida en un orfanato no suelen descubrir el placer corporal, sencillamente porque no están en condiciones de sentirlo.

La poderosa comunicación emocional

Por fortuna, entre la madre, el padre y el bebé hay una increíble comunicación esencialmente emocional. No solo se transmite afecto, sino también convicciones, percepciones y juicios, incluidos muchos aspectos que luego repercutirían sobre la sexualidad, por pequeño que sea el bebé. El doctor Allan Schore, neuropsicólogo y profesor del Departamento de Psiquiatría y Ciencias Bioconductuales de la Universidad de California, en Los Ángeles, demostró no solo la capacidad de la madre de tener un alto nivel de empatía, sino cómo al actuar empáticamente con el hijo desarrolla aún más la capacidad de «leer» de forma precisa los estados mentales infantiles y darles un significado, permitiendo así mejores respuestas sensitivas. Esto también le permite vivir una experiencia subjetiva de seguridad y apoyo en la capacidad de autorregulación en el desarrollo del bebé.

De hecho, al poner el foco en el hemisferio cerebral derecho del niño, es fácil ver la importancia del adulto, que funciona como regulador externo. El hemisferio derecho es el predominante durante los dos o tres primeros años de vida, por eso es fundamental que el bebé primero, y el niño después, sea totalmente dependiente durante la experiencia de apego, para que las redes neuronales se desarrollen con eficacia y puedan regularse a medida que crezca.

El hemisferio izquierdo, donde se desarrolla el habla, no entra en funcionamiento hasta el segundo año de vida. En cambio, todo lo vinculado al apego se desarrolla durante el primer año. La idea esencial es que la relación de apego entre la madre y el hijo da forma al hemisferio derecho, lo moldea. Hay una herencia genética natural, pero el entorno social y afectivo lo va tallando como si de una escultura se tratase. Durante el primer año de vida no hay comunicación verbal: es todo emocional. Al estudiar el cerebro del niño y el de la madre, se ve hasta qué punto ambos están profundamente involucrados en procesos emocionales, y permite entender el estado emocional del hijo por parte de la madre y, por parte del niño, el de esta, sin palabras, por sintonía emocional, interiorizándola.

Nueve claves para fomentar el respeto en recién nacidos

La relación madre-padre-hijo es una experiencia individual y, al mismo tiempo, social. De modo que tampoco resulta fácil saber exactamente en qué aspectos de la dimensión de la sexualidad se está influyendo, si en el biológico, el psicológico, el social, el cultural o el espiritual. Lo que sí que sabemos es qué aspectos hay que reforzar para educar, cuidar, amar y proteger mejor, especialmente en esta etapa. En particular porque el desarrollo sexual avanza completando diferentes fases, como si de secuencias se tratara, o como las escenas de una larga película en la que el actor principal, el bebé, solo tiene un espejo donde mirarse: los padres. De modo que si tu hijo ve comportamientos adecuados, tenderá a imitarlos, así como las sensaciones que los acompañan.

1. Envíale a tu bebé aún no nacido imágenes de aceptación. Cierra los ojos, respira profundamente, evoca una imagen mental positiva y repite en tu interior: «Te acepto, te quiero y te valoro tal como eres.»

2. Antes del baño, del masaje, míralo a los ojos y pídele permiso para tocarlo. Este es el modo natural de enseñarle el respeto por el propio cuerpo, de transmitirle que su cuerpo importa. Este «pedir permiso» puede ser a través de una palabra o una simple mirada que le anticipe lo que va a suceder.

3. Crea un ambiente de conexión emocional adecuado en el que tu hijo disfrute del placer de estar juntos y apegados. El placer y el displacer en esta etapa son aspectos a tener cuenta, ya que se trata de una preparación para el desarrollo social y sexual. El displacer es el resultado de tensiones que activan la ansiedad en los recién nacidos y en los niños, porque cuando hay estrés en el ambiente la hormona llamada cortisol inunda su pequeño cerebro, produciéndole una sensación de displacer que se transforma en malestar y desconfianza hacia el adulto.

4. Valora si para ti es aceptable la costumbre de que los extraños toquen los bebés y los niños en la calle

como muestra de agrado. Sea tocarles la cabeza, el pelo, la cara, como si tu hijo estuviera situado en el orden de «lo público». Si no lo es, no lo permitas. El objetivo de ello no es colocar a tu hijo en una burbuja, sino darle tiempo a que pueda conectar más con su deseo que con el de los demás. Es una forma sutil de educar en el respeto a sí mismo.

5. No obligues a tu hijo, por convención social, a dar un beso si no quiere, aunque la posible depositaria sea la dulce abuelita, puesto que estamos enfocando la educación que se relaciona con su cuerpo. De modo que, en lugar de decirle: «Dale un beso a la abuelita», di: «¿Quieres darle un beso a la abuelita?»

6. Si el oído se llama oído, y la mano se llama mano, la vulva se llama vulva y el pene se llama pene. Esto es importante si quieres enseñarle a respetarse en todos los niveles. Un lenguaje adecuado también refleja la aceptación por parte de los padres del descubrimiento que el niño hace de su propio cuerpo. El lenguaje es un vehículo que trasciende la comunicación, que no es solo verbal, sino que va acompañado de gestos, tonos, actitudes, emociones, los cuales proporcionan al bebé y al niño más del 75 % de la información sobre su propio cuerpo.

Ayúdale, con paciencia y buenas palabras, a controlar los esfínteres. En esta etapa los niños experimentan sensaciones placenteras al retener y evacuar la orina y los excrementos, así como al observar y tocar sus genitales y deposiciones. Todo ello constituye la forma en que van aprendiendo a reconocer su cuerpo, sus necesidades y aquellas sensaciones que les producen placer. Los niños de este grupo de edad comienzan a aprender acerca de su propio cuerpo. Es importante enseñarles los nombres apropiados de cada parte del cuerpo. Inventar un nombre para algunas de ellas podría dar la idea de que el nombre propio tiene algo de malo. Además, enseña a tus hijos qué partes son privadas (las cubiertas por un bañador, por ejemplo).

7 Cada niño madura a su tiempo, y ese tiempo es perfecto en sí mismo, por lo que no hay que acelerar nada. Lo habitual es que a partir de los 2 años los padres enseñen al niño o a la niña a controlar los esfínteres, de modo que es importante tener en cuenta algunas pautas, como emplear palabras adecuadas, con cariño y paciencia, enseñándole a decir «necesito mi espacio» cuando tú estés en el lavabo, para que pueda percibir mejor qué siente, pero observando desde lejos la situación, lo cual no significa dejarlo solo.

8. Transmite que aceptas su placer. La sexualidad infantil tiene muchas fases. Cuando los niños descubren su cuerpo y demuestran que sienten placer, la actitud del adulto es muy importante. Alrededor del año y medio, cuando descubren las diferencias sexuales, los niños quieren entrar en el baño con los padres. Lo importante es mantener una actitud natural buscando un equilibrio entre su curiosidad y lo que los padres permiten. Alrededor de los 2 años la curiosidad hacia las partes del cuerpo será incuestionable y buscarán repetir las sensaciones agrada-

bles, que funcionarán como un juego. Algunos padres manifiestan inquietud ante la autoexploración de sus pequeños, pero esto solo tiene que ver con la propia educación recibida, ya que es esperable que en esta etapa los niños exploren partes de su cuerpo e incluso experimenten erecciones. Así pues, puedes permitir que el bebé explore su cuerpo si se toca mientras le cambias el pañal o después del baño, por ejemplo, teniendo en cuenta que lo hará con la misma actitud que si se tocase el pelo. Y es que tal como afirma la Academia Americana de Pediatría (AAP), no son comportamientos sobre los que haya que actuar de ningún modo especial. Obviamente, cada familia enfocará la educación sexual de su hijo a su manera, pero lo que hagas le indicará a tu hijo qué es «aceptable» y qué es «vergonzoso». Y es que un niño de 2 años no mide su curiosidad sexual y se deja llevar por el impulso de mostrar sus partes íntimas; les encanta pasearse desnudos por la casa y pueden hacer preguntas sobre el cuerpo de los padres o las funciones corporales. Por ello, hay momentos en que la madre y el padre tienen que funcionar, ante el impulso sexual, como un «cerebro externo» y explicar a sus hijos que la privacidad es importante. Los niños pequeños se tocan los genitales por diferentes motivos. Puede ser porque están cansados, aburridos, nerviosos o molestos; o porque tratan de enfocarse. Y también porque, sencillamente, les da placer. Si a los padres les resulta difícil aceptar esto, tal vez sea porque tienen dificultades para aceptar que los niños son seres sexuales.

9. Por último, no olvides que tu hijo es único e irrepetible. Cuando el niño nace, no solo tiene necesidades somáticas y psíquicas, sino también sociales. Buscará relacionarse y adaptarse y ser reconocido como una persona valiosa para sus padres.

Para tu bloc de notas...

A modo de preparación, y para los cambios que sobrevendrán, tanto para el hijo como para los padres, es altamente positivo que estos hablen sobre lo que desean transmitir a aquel en relación con su sexualidad, anticipando qué mensajes quieren darle sobre determinados temas. Es probable que después de leer este libro puedas incluso anticiparte a ciertas preguntas y adaptarlas a la etapa correspondiente. O bien ponerte de acuerdo con tu pareja cuando, ante una pregunta, debáis consultar algo, y posponer la respuesta con una frase como: «Ahora mismo no puedo, pero vamos a hablar de eso después de la cena.» Pero hacedlo, ya que lo habéis prometido. También podéis acordar cómo iniciar una conversación sobre sexualidad. Por ejemplo, con algo como: «¿Nunca te has preguntado cómo naciste?» Para ello buscad la ayuda de libros ilustrados o incluso visitad a una amiga embaraza. Es asimismo muy positivo estar atentos a las oportunidades de enseñanza, como eventos cotidianos, haciendo de ello un aprendizaje mutuo. Mientras tu hijo aprende el «qué», tú aprendes el «cómo».

4

«¿Qué tienes ahí?»

La sexualidad de tu hijo de los 3 a los 4 años

> Los niños se encuentran en las fuentes del saber: son metafísicos, son seres que plantean las verdaderas preguntas. Como los investigadores, buscan respuestas.
>
> FRANÇOISE DOLTO (1908-1988)

Probablemente uno de los aportes más interesantes sobre la ayuda a brindar a los padres a la hora de acompañar positivamente la sexualidad infantil es el que procede de la psicología social y la sociología de la infancia. Últimamente, ambas han puesto el foco en la influencia de la familia, el barrio y la escuela en las ideas que los niños desarrollan sobre sí mismos y en cómo se desarrolla su sexualidad. También hacen hincapié en que los niños no son pasivos en sus aprendizajes sociales, sino que influyen en su círculo inmediato. Influyen, por ejemplo, la forma que elegirán sus padres para informarles y en las preguntas y reflexiones que estos se hagan, o en el modo en que planifiquen conjuntamente las respuestas a dar para que sus hijos aprendan a vivir en sociedad.

Visto de esta manera, no son solo los padres los que socializan al hijo, sino que el proceso de socialización se vuelve bidireccional. En la actualidad los padres se interesan en lo que el hijo imagina, piensa y opina mucho más que hace cincuenta años, y cada vez se esfuerzan más en responder de forma efectiva a sus preguntas adecuándose a su edad. Este aspecto es realmente un gran paso para el desarrollo de la sexualidad. Algunos estudios recientes[9] demuestran cómo las respuestas de los padres afectan a una de las primeras categorías sociales de las que los niños son conscientes: la idea del propio género, determinando durante el desarrollo preferencias, comportamientos y autopercepciones, e influyendo en sus aspiraciones.

Los niños de 3 años suelen estar increíblemente motivados para hacer preguntas en relación con las diferencias corporales, aunque después acaben acomodándolas a su modo. De esta manera se acercan a la idea de género.

Ahora bien, cuando los padres creen que las diferencias de género solo son restricciones y estereotipos, y no dan respuestas, la socialización deja de ser de ida y vuelta.

¿Cómo es que aun habiendo recibido una educación «neutra» en cuanto al género igualmente niños de 2 años y medio y 3 años actúan de una manera increíblemente estereotipada?

9. May Ling Halim, PhD; Natasha C. Lindner, BA. «Autosocialización de género en la primera infancia». Departament of Psychology, California State University, Long Beach, EE. UU.

¿Cómo es posible que entiendan el concepto de género entre los 18 y 24 meses aun cuando sus padres se esfuerzan en no transmitirles diferencias en habilidades y destrezas para que no haya restricciones en su desarrollo?

¿Cómo es que mucho antes de los 3 años, tal vez alrededor de los 30 meses, la mayoría de los niños consigue dar un sentido a su propio género, esto es, dar un sentido en lo que para él o ella es ser niño o ser niña?

El que los padres den respuestas neutrales en esta etapa, ¿hasta qué punto impide que los niños busquen y obtengan información?

Los resultados de las investigaciones siguen siendo contradictorios, pero sabemos que en esta etapa todas las criaturas necesitan comprender lo que son, si niño o niña, y a menudo tendrán comportamientos estereotipados que podrán aparecer antes o después de preguntar. También sabemos que alrededor de los cinco años ya habrán superado las conductas extremas de género, creer que «hay cosas que solo hacen los niños» y «cosas que solo hacen las niñas», etapa que coincide con la comprensión de que una niña sigue siendo niña aunque se vista con pantalones. Perciben una continuidad, lo que se conoce como «constancia de género».

Naturalmente, *para llegar a este nivel de comprensión han tenido que aprender qué implica cada género* y estar atentos a los modelos del mismo género. Es por ello por lo que observan, preguntan, comparan...

Otro hecho fácil de detectar es que en las fiestas de cumpleaños de 3 años los niños tienden a jugar más entre ellos, y que lo mismo sucede con las niñas, porque ya entienden las etiquetas y ciertas categorías de género. Sin embargo, a partir de esa edad son los varones los que suelen experimentar sentimientos más diferenciadores, porque reciben «recompensas» por parte del grupo.

Algunas investigaciones recientes relacionan los sentimientos diferenciadores con la influencia biológica prenatal, así como con lo que ven en los medios de comunicación diseñado para uno u otro sexo. Es por ello por lo que en esta etapa los padres, más que centrarse en dar respuestas neutrales, deberían dar respuestas naturales, sin seguir estereotipos, en especial porque, durante la infancia, la edad cronológica es un poderoso indicador social que modela el modo en que los adultos hablan con los niños, y porque, a su vez, estos, como seres sociales, asumen identidades basadas en indicadores múltiples, entre los cuales, además de la edad, figuran el género, la pertenencia étnica, la clase social, etc. Los propios niños se adueñan de su identidad de género y la negocian desde una edad muy temprana, especialmente mediante las interacciones con sus compañeros, tanto en el preescolar como en los demás contextos de sus mundos sociales, algo que está siendo investigado en los últimos años en diferentes áreas sanitarias y profesiones con una mirada biopsicosocial.

Para tu bloc de notas...

Alrededor de los 3 años, el bebé ha dado paso a un ser maravilloso que entra en el mundo de la infancia. Ha desarrollado numerosas habilidades, puede anticipar algunas situaciones y prever resultados, usa el lenguaje con una gran capacidad de comunicación, siente una enorme curiosidad por probar sus capacidades y se dedica a investigar el entorno. Tiene a su favor que controla más sus movimientos, ensaya sus capacidades de musculatura fina (como la de la pinza digital), controla mejor sus esfínteres. Todo ello lo habilita para desenvolverse con mayor independencia, lo cual le permite saber que es alguien diferente de su madre y de su padre, pero que su género se parece al de uno de los dos. Conocer su género implica que los padres reconozcan la importancia de una parentalidad positiva para la maduración cerebral, ya que las preguntas de su hijo o hija también responden a necesidades cognitivas, como son: 1) tener un importante vínculo afectivo, ya que sin afecto el aprendizaje no se produce de manera adecuada y constructiva; 2) que se acepte su curiosidad y se respondan sus preguntas, y 3) percibir que sus conductas positivas son reforzadas y que se le da la posibilidad de corregir aquellas en que se equivoca. En cualquier caso, para ampliar la visión de los estereotipos de género hacia otras experiencias, los padres pueden...

• Permitir a su hijo o hija interactuar con diversos tipos de juguetes y actividades considerados exclusivamente masculinos o exclusivamente femeninos, así como con modelos que desafíen los estereotipos mayoritarios, como mujeres policía o maestros de guardería.
• Buscar ambientes de juego en el parque adaptados tanto a niños como a niñas.

- Evitar delante de su hijo o hija comentarios que definan comportamientos inadecuados en relación con el género más que con el aspecto moral de las personas.
- Promover actividades divertidas mixtas, aunque en esta etapa muestre una mayor preferencia por jugar con congéneres.

Del «¿qué tienes ahí?» al «¿qué le pasó a mi pene?»

Paula, 3 años. La pequeña Paula está jugando con unos bloques en el comedor. De repente, escucha que su padre se va a duchar. A los pocos minutos, Paula entra como un pequeño huracán en el cuarto de baño, golpea la mampara para que le abra y, señalando los genitales de su padre, pregunta: «¿Qué tienes ahí?» El padre contesta: «Se llama pene. Ahora, si no te importa, prefiero tener mi espacio.» «¿Y qué le pasó a mi pene?», insiste Paula. «Te lo explicaré cuando acabe de ducharme.» Su padre espera a que la niña vuelva a preguntar, pero no lo hace, ni ese día ni los siguientes, porque a esta edad los niños están más conectados con lo que ocurre en el presente, así que generalmente no insisten con las preguntas. Si el padre hubiera tenido la oportunidad, asegura que le habría respondido: «Tú no tienes pene, tienes vulva (o tienes clítoris), los niños tienen pene.»

Responder con la verdad, adaptada a la edad, aun cuando no entiendan todos los conceptos, es a partir de esta etapa de crecimiento altamente beneficioso.

De hecho, es importante tomar conciencia de que los niños entienden mucho más que lo que los padres creen, porque tienen la gran habilidad de leer el lenguaje emocional y gestual con increíble precisión y hasta de saber si una pregunta es respondida con naturalidad o no.

Por ejemplo, a la mayoría de los niños de 3 años les confunde el lenguaje gestual de los padres ante comentarios como «mi pene es muy pequeño», que no son dudas, sino el resultado de una comparación con el cuerpo adulto. Los padres, o cualquier persona de la familia, pueden responder que así como las manos o la nariz tienen el tamaño adecuado a la estatura de la persona, todas las partes del cuerpo siguen el mismo patrón. Y ya está. No hay que explicar nada más a estas edades, no se necesitan largas y aburridas explicaciones.

Llega el placer por desvestirse

A los 3 años la mayoría de los niños ya han aprendido muchas cosas, entre ellas a vestirse y desvestirse. De modo que en algún momento tu hijo o tu hija hará uso de estas nuevas habilidades y, por ejemplo, se desnudará con frecuencia cuando menos te lo esperes. En esta etapa los niños y las niñas se desnudan sin otra intención que sentir su cuerpo libre y percibir sensaciones en diferentes zonas, por ejemplo, en la espalda (no es raro que se acuesten boca arriba desnudos sobre el suelo), o para ver cómo reaccionan sus padres, o por el simple placer de quitarse la ropa y volver a ponérsela. En ningún caso hay que considerar que esto es exhibicionismo, pues ello equivale a entender la desnudez en sentido adulto. Una reacción exagerada por parte de los padres consiste en no comprender que para los niños la desnudez tiene categoría de juego, es algo divertido, como regalarse sensaciones directamente en la piel.

Es por ello por lo que cuando los padres reaccionan con naturalidad, sus mensajes sobre aspectos como la privacidad, el respeto o las «partes íntimas» llegan más claros, mientras le acercan al niño la ropa que ha de volver a ponerse.

Ante el tema de la desnudez, es conveniente que los padres lleguen a acuerdos previos, en especial cuando uno de ellos, o ambos, consideran que andar desnudos por la casa es una forma de educar en la naturalidad, y que no afecta a los niños, ya que sus progenitores no se sienten incómodos ante la desnudez. Sin embargo, cuando los niños tienen más de 2 años puede ser interesante replantearse si la desnudez es apropiada, ya que la cuestión no pasa tanto por preguntarse si uno o ambos padres se sienten cómodos como para desvestirse delante de sus hijos, sino por si se sienten a gusto con su propio cuerpo.

El anterior es un tema muy importante cuando los niños están aprendiendo a aceptar su corporeidad, porque así como en esta etapa están muy pendientes de las diferencias de género, también les llega información sobre cómo sentirse con el cuerpo. En la sociedad accidental el cuerpo adulto y sus cuidados forma parte de un gran negocio, es fuente de consumo y toda una industria. Esto hace que muchas personas focalicen su atención en el aspecto físico, lo cual conlleva una carga de insatisfacción con el cuerpo y sentimientos negativos respecto del mismo.

Algunos padres aceptan responder a los hijos en momentos puntuales, como a la hora de darse una ducha. Así y todo, es importante tener en cuenta que, para el interés del niño, produce los mismos resultados emplear otro método, por ejemplo, un libro con dibujos si el objetivo es que aprendan las partes del cuerpo humano y educar para la privacidad. Hay padres que, cuando su hijo o hija llega a los 3 o 4 años, le dicen que ya prefieren bañarse solos. Esta es una estrategia que adquiere mayor validez cuando respetan el derecho de sus hijos a la privacidad, por ejemplo, llamando suavemente a la puerta para saber si pueden usar el cuarto de baño, aunque desde fuera se los tenga controlados. De hecho, alrededor de los 3 años y medio o 4 años los niños ya no sienten tanto placer por la propia desnudez, y el tema acaba como empezó. A menudo muchos niños alrededor de los 4 años ya no prefieren bañarse con padres o hermanos, o que se desnuden delante de ellos. Este nuevo sentimiento del hijo (a menudo transitorio) debe respetarse, independientemente de lo que consideren los padres, porque tiene que ver con sus propias emociones y vivencias relacionadas con su cuerpo.

Para tu bloc de notas...

En esta etapa, tanto las niñas como los niños preguntan por curiosidad. Hacen muchas preguntas, pero no siempre están buscando una respuesta. A veces preguntar forma parte del juego. Si para los padres resulta complicado hablar de sexo, es probable que sus hijos dejen de interrogarlos al respecto. De modo que en ocasiones es interesante que los padres ensayen entre ellos respuestas breves. Aunque siempre queda la opción (cuando no se sabe qué responder) de devolvérsela como en espejo y ver qué pasa. En cualquier caso, ten en cuenta que mucho antes de llegar a los 4 años la mayoría de los niños...

- Saben que las niñas y los niños son diferentes entre sí.
- Saben los nombres correctos de las partes del cuerpo, incluidos los genitales.
- Saben que nacieron del vientre de su madre.
- Saben que hay partes privadas del cuerpo que decidimos cubrir precisamente porque son privadas.
- Saben que nadie puede tocar sus partes privadas y que las de los otros niños no se tocan.
- Saben que tienen derecho a negarse a ser tocados o acariciados, aun por los adultos a los que quieren.
- Saben que pueden decir «no» cuando un niño o un adulto les sugiere hacer algo que está mal.

Nombres adecuados para el cuerpo y para los excrementos

Carlitos, de 3 años y medio, a su mamá. «¿Por qué no haces pipi como papá?» Entre la infinidad de preguntas que un niño puede lanzarle a su madre o a su padre, esta es una de las pocas que jamás los altera. Los padres suelen responder con una evidencia muy simple: «Porque mamá es mujer y no tiene pene.» O bien: «Porque así es más fácil para mí.»

Es importante que, así como se emplean los términos adecuados para nombrar el cuerpo, se sigan los mismos parámetros de respeto que para nombrar otras partes del cuerpo, en este caso, los excrementos. Los excrementos están directamente relacionados con los órganos genitales, y aunque tengan olor y forma no muy agradables, es interesante referirse a ellos con el vocabulario adecuando, porque en esta etapa el niño aprende a controlar definitivamente los esfínteres, lo que incluye aprender hábitos higiénicos, y a nombrar y ver lo que sale de su cuerpo. Si lo que sale de su cuerpo necesita ser llamado de otro modo, suavizado con palabras más dulces pero que no describen nada, como «pipí», lo que tiene que aprender a controlar le parecerá algo que si debe cambiar su nombre no será muy bueno, cuando, al mismo tiempo, lo que expulsa del cuerpo le produce sensaciones placenteras...

El control de esfínteres es un paso importante para el control de un comportamiento reflejo automático a una conducta voluntaria y controlada. El niño lo logra porque ha alcanzado un nivel de desarrollo adecuado, tanto físico como emocional y psicológico. En consecuencia, no es algo que los padres deban enseñar, ya que ocurrirá lentamente y de un modo progresivo cuando el niño esté preparado. Por supuesto, los padres deben poner los medios para que el niño o la niña alcance el objetivo, lo que ocurre entre los 2 y los 3 años (aunque hay casos en que el control nocturno puede no alcanzarse hasta los 5 años).

Para tu bloc de notas...

Actividades como la expresión corporal, los juegos con el cuerpo, o actos como mirarse en el espejo o dar abrazos, ayudan a los niños a tomar conciencia de su corporeidad, a sentir, y esto es un excelente camino para aceptarse a medida que crecen y su cuerpo se va transformando. El cuerpo es el vehículo de que tu hijo dispone para relacionarse con los demás, y para tener conciencia de su propia existencia en un contexto. De modo que es importante que, ya desde edades tempranas, los niños reciban ayuda para descubrir sus posibilidades físicas y aceptar sus limitaciones e intentar superarlas.

¡Toc, toc! «¿Se puede?»

¿Por qué algunos padres esperan a que los hijos tengan más de 5 años para enseñarles a respetar la privacidad de los demás, cuando pueden aprenderlo con 3 años?

Pablo, 3 años. Entra por la noche en la habitación de sus padres sin llamar a la puerta, cuando ellos están en pleno acto sexual. Los padres se muestran calmados, como si no hubiera pasado nada, cubiertos por la sábana. A ninguno se le ocurre echar a Pablo de la habitación, ni quieren enseñarle, precisamente en ese momento, a llamar a la puerta. Desde luego, Pablo sabe que algo raro pasa, y está sumamente atento a las expresiones de sus progenitores. Por fin, su madre le da una explicación tranquilizadora: «Papá y yo nos queremos mucho y estábamos jugando. ¿Querías algo?» Alrededor de los 4 años, los padres pueden volver a sacar el tema de la privacidad e insistir en que no estaban peleando, sino jugando, y aprovechar para recordarle la regla de oro: «Si nuestra puerta está cerrada, debes llamar con tres golpecitos y esperar a que te digamos "Pasa", y lo mismo haremos nosotros cuando dejes tu puerta cerrada.» Por último, los padres acostumbrados a que los hijos duerman con ellos necesitarán repensar hasta qué punto esto es beneficioso para los niños a medida que crecen. En este sentido, hay estudios que demuestran que aun con 5 años muchos niños duermen con sus padres, y que no siempre están dormidos cuando estos, convencidos de lo contrario, deciden llevar a cabo actos de tipo erótico. Se trata de un tema importante, ya que no es saludable para el niño, cualquiera que sea su edad, presenciar manifestaciones de intimidad de sus padres.

En cualquier caso, debe tenerse en cuenta que a partir de los 2 años es habitual que por la noche los niños se pasen a la cama de sus padres y se acurruquen junto a estos durante un rato. En tales casos, algunas familias instauran los días de «puertas abiertas», generalmente los sábados y domingos por la mañana, o los días que la familia está junta.

Del rol sexual a la identidad sexual

Andrea, 3 años y 8 meses. Lleva puesto un casco de bombero que encontró en un baúl de disfraces durante la clase de música en la escuela a la que asiste. Juega a que es el papá y que trabaja como bombero. Los niños y niñas que juegan con ella asumen que este es su papel. También hay una bruja, un indio, una mujer policía y una princesa.

Los juegos de disfraces son interesantes no solo en la escuela, sino también en casa, ya que sirven para comprender mejor la diferencia entre la identidad sexual y el rol sexual. Cuando Andrea se pone un casco de bombero y juega a que apaga un incendio, está asumiendo el rol de bombero. Pero cuando dice «soy el papá» está imitando una identidad masculina.

Como hemos visto, alrededor de los 3 años el ser

humano ya se reconoce como niño o niña. Esta conciencia sexual es pregenital en el sentido fisiológico y básicamente cerebral, no solo debido a que las hormonas actúan en el cerebro y van formando determinados patrones de carácter, sino porque se ha empezado a desarrollar la idea de «soy niño» o «soy niña», lo que los lleva a hacer muchas preguntas a los padres. Alrededor de los 3 años las niñas no quieren hacer cosas «de chicos» y los chicos no quieren hacer cosas «de chicas». Solo cuando maduran y se vuelven más flexibles se atreven a dar los primeros pasos, como usar colores de ropa menos estereotipados, o participar en juegos de unos u otros indistintamente. También en torno a los 3 años las niñas comparten con la madre el orgullo de ser mujer por medio de abrazos, cuando se visten, se peinan, etc. Y lo mismo ocurre con los niños, aunque el proceso de identidad sexual es un poco más largo, ya que para que se separen saludablemente de la madre y se dirijan hacia el padre a fin de desarrollar su propia identidad, la madre ha de comprender que debe dar un paso a un lado y favorecer la relación con el progenitor. A partir de ese momento los chicos empiezan a crear un espacio de gustos y masculinidad en el que la única tarea del padre es acompañar al hijo, que no tiene por qué responder a estereotipos con los que tal vez el propio padre fue educado.

Para tu bloc de notas...

Hacia los 3 años, tanto los niños como las niñas muestran inclinaciones hacia determinadas clases de juguetes destinados especialmente a uno u otro sexo. Sus elecciones suelen ser bastante estereotipadas. A medida que se acercan a los 4 años se produce un cambio interesante en este sentido. Los varones siguen prefiriendo los juegos típicos de chicos, mientras que las niñas pueden usar tanto los de unos como los de otros.

«Este soy yo»

Del mismo modo que resulta divertido ver cómo los niños pequeños se dibujan a sí mismos siguiendo la representación mental que tienen de su cuerpo, es interesante observar la forma en que estos dibujos van variando. Dicha representación es el resultado de un proceso que empieza hacia los 4 o 5 meses, cuando el bebé se da cuenta de que es una persona diferente de sus padres y de los objetos que lo rodean. Cuando empieza a desplazarse por sí mismo, ya sea gateando o caminando, y a explorar el entorno, los límites con que se encuentra también le permiten tener una mejor idea de cómo es este. Esta relación entre el cuerpo y las cosas que le rodean exige mayores habilidades alrededor de los 3 años, cuando las experiencias exploratorias aumentan, pero será entre los 3 y 4 años cuando puedan describirse y dibujarse mejor.

Las primeras preguntas después de los 3 años

Los niños alcanzan a esta edad la capacidad de simbolizar por medio del lenguaje y de los objetos con que juegan. Esto se debe a que tienen un tipo de razonamiento llamado «intuitivo», mediante el cual comparan, clasifican y llegan a sus propias conclusiones. Un niño puede decir a su padre que tiene una mano, un pie o un pene muy pequeño, pero que es más alto que su hermana. En esta etapa, también emplea los «¿por qué?» como un medio para verificar la comunicación más que por necesidad de obtener todas las respuestas. Algunas preguntas, sin duda, pueden ser complicadas de contestar; otras, como el saber de dónde procede, requieren de una respuesta más meditada, fundamentalmente porque a los 3 años el niño tiene una visión animista del mundo. Por ejemplo, si ve una mujer embarazada y aprovechas para explicarle que el tamaño de su vientre se debe a que tiene un bebé creciendo en su interior, no te extrañe que pregunte: «¿La mamá se lo comió?» En ese caso, la mejor respuesta es: «¿Y tú qué imaginas?» Alrededor de los 4 años es probable que te pregunte de dónde vino él, pero al igual que antes le devolvías la respuesta para no interferir en su imaginación, ahora lo aconsejable es decirle: «¡Qué pregunta tan buena! ¿Qué piensas tú?» Con esto se consiguen tres cosas: la primera, te aclarará qué está preguntando realmente tu hijo; la segunda, te dará un poco de tiempo para pensar tu mejor respuesta, y, la tercera, descubrirás cuánto sabe tu hijo. Como quiera que sea, a esta edad la mejor respuesta que puede dar una madre es: «De mi barriga. Todas las personas nacen de la barriga de una mamá.»

5

«Me veo muy muy feo...»

De los 5 a los 6 años

> Las palabras son pedazos de afecto que a veces transportan un poco de información.
>
> BORIS CYRULNIK

Entre los 5 y los 6 años las niñas y los niños se enfrentan a muchos cambios. Aunque algunos sean más impactantes e importantes que otros, para ellos lo más preocupante en esta etapa es cómo encajar con los demás. Los relacionados con las nuevas posibilidades motrices o el nuevo modo de entender a los padres solo les preocupa a los adultos. A los hijos les interesa incrementar el número de amigos, y para ello entrenan nuevas aptitudes a fin de alcanzar un mejor estatus en el grupo. También se observan más y cuentan más cómo se ven o cómo creen que son vistos por los demás. Los nuevos roles alcanzados pueden estar relacionados con tener una mayor coordinación, más fuerza, más elasticidad física, más destrezas sociales o lingüísticas..., algo, en suma, que les servirá como un escudo ante los cambios más visibles, como los relacionados con la estatura o el aspecto físico, cuando se dejan atrás las formas redondeadas del niño pequeño, acentuando otras más estilizadas, tanto femeninas como masculinas. Este hecho concuerda con un período de transformación importante, el de la entrada en la escuela primaria, donde es fácil constatar la tendencia a identificarse con personas del mismo sexo.

Otro aspecto significativo en esta etapa es que muchos niños y niñas quieren parecer mayores de lo que son, y a veces se permiten indagar más abiertamente sobre temas relacionados con la sexualidad. Se sienten mayores, y muchos parecen entrenarse haciendo a sus padres comentarios y preguntas complicados sobre sexualidad, e insistiendo una y otra vez en un mismo tema. Una amiga periodista bautizó esta tendencia de su hija de 6 años como «momento sex», en el que la niña aprovechaba el trayecto en coche de su casa a la academia de baile para formular todas las preguntas que se le ocurrían, sin necesidad de que la respuesta fuese exacta, porque el interés de su hija acababa exactamente en el momento de aparcar.

Otro aspecto a tener en cuenta en esta etapa es que pueden mostrar abiertamente a los padres que están descubriendo el placer a través de sus genitales. Se trata de una actividad que no siempre llevan a cabo discretamente, y que se incrementará cuando estén más ansiosos, tensos o aburridos, o cuando necesiten canalizar tensiones, más frecuente en los niños que en las niñas. En cualquier caso, lo menos efectivo —si hay una predisposición permanente a la autoexcitación— es llamarles la atención, ridiculizarlos, asustarlos, burlarse, culpabilizarlos o decirles que el placer el algo malo o negativo. Lo más inteligente por parte de los padres es buscar la causa de ese o cualquier comportamiento impulsivo o incontrolado.

Para tu bloc de notas...

En esta etapa puede ser más importante buscar momentos para hablar sobre sus miedos, como el miedo a ser diferentes, al rechazo, a no encajar en el grupo... A los niños de esta edad les encanta hablar sobre sus emociones. Sobre cómo se sienten y qué piensan. Una conversación que les encanta es la referida a la parte del cuerpo en que sienten determinada emoción, por ejemplo, el miedo. A algunos niños les sudan las manos, otros lo sienten en el estómago, otros en el pecho... Hablar de las emociones en esta etapa implica tender puentes para cuando llegue la pubertad y tengan emociones que no comprenderán del todo y sobre las que querrán hablar para ponerles un nombre. Obviamente, esto es algo que a las niñas también les ocurre, pero a veces las madres hacen que la comunicación resulte más fluida con ellas que con los hijos varones.

Cuando el juego deja de ser juego

En esta etapa, las niñas juegan a parecerse a sus madres y a ser mayores, imitando las conductas de las mujeres adultas de su entorno. Se miran más en el espejo, en casa se pintan los labios y las uñas, empiezan a hablar de su cuerpo como un objeto, de cómo es o cómo debería ser, se disfrazan con ropa y zapatos de la madre y probablemente empiezan a sacarse fotos con gestos de mujer adulta. Todo ello manteniendo una actitud más pudorosa que los varones ante el cuerpo desnudo. En esta etapa es importante no confundir estos juegos con el hecho de que las niñas sean realmente mayores de lo que son, o más maduras, o que su sexualidad esté más desarrollada que la de otras niñas de su edad. Fundamentalmente porque se trata de un juego simbólico, que, antes del auge de los dispositivos electrónicos, la globalización y el auge del *marketing*, podía llegar hasta los 12 años. Ahora estos juegos acaban como tales alrededor de los 8 años, porque a esa edad se coloca a los niños y niñas en un rol de protagonistas de algo que solo era una actividad lúdica. Esto ya lo advirtió hace más de diez años la Asociación de Psicología Americana (APA) en un documento que denunciaba la tendencia mercantil a sexualizar a los niños en las sociedades modernas, lo cual no solo era evidente en la moda pensada para ellos a partir de los 4 años, sino que ya ponía el foco en los juguetes, los videojuegos y argumentos de las series destinadas a niñas pequeñas, en las que el estilo de los personajes femeninos era el de jovencitas que conseguían lo que se proponían haciendo uso de su sagacidad y cierto erotismo. Dicho informe ponía de relieve que el *marketing* buscaba llamar la atención del público infantil, niñas entre los 4 y 6 años que a medio y largo plazo podían acabar siendo más vulnerables (por vulnerabilidad de género), aunque los niños tampoco estaban a salvo. Así, mientras que para el *marketing* las niñas siguen siendo educadas como «princesas», poniendo el acento en la belleza y la actitud de «gustar» a los demás, intentando también que se comporten como adolescentes sensuales, para los niños llega una nueva forma de vestimenta, un estilo de «chico que representa la fantasía del novio que tuvo mamá en su adolescencia», pero dirigido a niños de apenas 4 años, con pantalones rotos y camisa a cuadros arremangada, con gafas, y la marca (de ropa para adultos) bien visible en cada prenda o accesorio.

¿Cómo pueden los padres frenar la hipersexualización infantil?

Vivimos en una sociedad caracterizada por el culto al cuerpo y la necesidad de aceptación.

Desde las redes sociales, el cine, la televisión, las revistas y cientos y miles de mensajes que llegan a los hogares por una ingente diversidad de medios, se presiona para que un aspecto físico deseable y cada vez más imposible cale hondo en todas las generaciones, hasta el punto de que resulte más importante que ser una buena persona. Los niños y niñas, lógicamente, no están a salvo de esta influencia.

La hipersexualización consiste en integrar a los cánones de belleza vigentes otros que inclinan al deseo sexual, porque quien consigue un mayor deseo sexual, más valor social tiene y, por lo tanto, más popularidad. Ahora bien, ¿cómo pueden los padres prevenir esta influencia durante la primera y segunda infancia de sus hijos, e incluso en la preadolescencia? ¿Cómo dar a niñas y niños el lugar que les corresponde protegiéndolos de unas consecuencias que podrían afectar a su bienestar y equilibrio, cuando la hipersexualización se extiende a gran velocidad con modas efímeras y masivas estrategias de *marketing* aun en horario de protección infantil?

En primer lugar, teniendo muy claro que se trata de expresiones, posturas o códigos de vestimenta evidentemente antinaturales para niños y niñas, de una influencia tan precoz como insana para el desarrollo de cualquier niño, y a menudo también para preadolescentes y adolescentes, ya que lo único que proporciona a estos últimos son falsos beneficios sociales, mientras que para las empresas supone grandes beneficios económicos.

En segundo lugar, teniendo muy presente que los medios empiezan a influir en la forma de pensar de los niños ya en su primera o segunda infancia. Así pues, es necesario no solo frenar esos mensajes, sino también conversar con naturalidad con los niños sobre las modas de que son objeto, adaptando la explicación a su entendimiento.

A continuación, algunas pautas que deberás poner en práctica cuanto antes:

1. Demuéstrale a tu hija que es preciosa por el simple hecho de ser una niña, que no es una adulta en miniatura. Y lo mismo a tu hijo. De modo que trátalos como tales.[10] Para brillar les basta con ser iguales a sí mismos, con sonreír.

10. Nora Rodríguez, *Educar niños y adolescentes en la era digital*, Paidós, Barcelona, 2012.

2. Sé cada día un poco más consciente de que un desarrollo infantil sano exige barreras, también generacionales.

3. Piensa que tu hijo no es, en ningún caso, una versión mejorada de ti mismo, sino alguien que necesita del juego para saber quién es y crecer.

4. Observa hasta qué punto hay padres que piensan que el éxito de los hijos es su propio éxito, y cómo esto puede llegar a traducirse en una educación hipersexualizada.

5. Observa si tu hija solo juega a ser como mamá o si también critica su cuerpo, o bien si se muestra preocupada por cómo se ve, o si pregunta a menudo si está guapa o manifiesta que le gustaría ser de otra manera, por ejemplo, más delgada.

6. Conversa con tu hija sobre dónde está la línea divisoria entre la realidad y la fantasía. Explícale que en casa puede jugar a ser mayor, pero que ir a la escuela con brillo en los labios es llevar la fantasía del juego a la realidad, y que la realidad escolar es otra cosa.

7. Debido a que la ropa es un reflejo de la identidad, define con ella qué ropa deseas comprarle, para no colocarla en un lugar que no le corresponde. Hay ropa para niñas de 5 y 6 años que es «moda para preadolescentes», pero más pequeña, ropa ajustada, con hombros al descubierto.

Para tu bloc de notas...

En la sociedad actual existe una fuerte presión social para que las niñas, más que los niños, quemen rápidamente etapas. Es importante no confundir esto con la idea de que tu hijo será más autónomo si lo logra. Caer en esta trampa es uno de los peores errores en que pueden incurrir los padres. Pasar de una etapa a otra sin aprender lo que se necesita saber de la anterior, lo único que hace es dejar a tu hijo sin los aprendizajes que necesita lograr en cada etapa. Por otra parte, se ha comprobado que la hipersexualización conduce a una aceleración de experiencias y a una pérdida de la infancia, a corto y medio plazo. A largo plazo, tanto las niñas como los niños aprenden a estar todo el tiempo pendientes de la opinión de los demás, con una marcada necesidad de aprobación, que suele ir acompañada de la idea de que no valen para los demás si no es de ese modo; incluso pueden sufrir trastornos psicológicos o alimentarios, o ambos. Pero todavía hay más: la hipersexualización en la infancia incrementará a largo plazo la vulnerabilidad propia de los adolescentes, porque, para encajar en los estilos de «ser hombre» o «ser mujer» consensuados socialmente, estos se aferrarán a estereotipos de género socialmente aceptados. Así, no resulta extraño que las adolescentes acepten fácilmente ser pasivas y manipulables, y los chicos, comportarse como héroes, rescatadores de princesas desvalidas e increíblemente posesivos.

A preguntas incómodas, respuestas inteligentes

En esta etapa, a las preguntas difíciles hay que sumar el hecho de que la mayoría de los niños tiene poco sentido de la ubicación. Ellos lanzan sus dudas sin que les importe mucho en qué contexto lo hacen, o si en ese momento te dispones a colar unos espaguetis, estás con la boca abierta en el dentista o vas conduciendo por una autopista en una noche cerrada. De modo que si tu hijo goza de una importante evolución social, afectiva, intelectual y psicológica, tú has empezado a gozar proporcionalmente de un gran entrenamiento para acertar con las mejores respuestas a sus preguntas directas.

Para tu bloc de notas...

Hasta los 5 años los niños se conforman con saber que los bebés nacen de la barriga de la mamá; hasta ese momento les ha bastado con sus propias respuestas y fantasías. En adelante también les interesará saber cómo llegaron hasta ahí, cómo crecen dentro del vientre y cómo es el proceso de nacimiento.

Con los pelos de punta.
El nuevo estilo de preguntas temibles

«Papá, ¿a qué edad...?»

Alejandro tiene 6 años. Va sentado en el asiento de atrás del coche durante un viaje con su familia. Está contando que le encanta ver documentales de historia antigua. De pronto se queda callado y acto seguido pregunta en tono solemne: «Papá, ¿a qué edad hiciste el amor por primera vez?» El padre se siente desconcertado, pero con respeto responde: «Eso es un tema privado.» Entonces Alejandro le pregunta a la madre: «¿Y tú, mamá?» Ella respira, traga saliva, cuenta hasta diez y responde lo mismo que el padre, pero aprovecha para preguntar: «¿Por qué quieres saberlo, Ale?» «Porque necesito tener un hijo pronto», responde el niño. La madre, con gran lucidez, le dice entonces: «Hijo, para eso aún tienes que crecer y convertirte en alguien mayor; los niños no tienen hijos.» A lo que el niño replica: «Es que no quiero que se me olvide lo que sé de historia: tengo que explicarle a alguien lo que han hecho mis ancestros.»

Independientemente de lo que el pequeño Alejandro haya pensado, tal vez al recordar un documental, cuando empiezan la etapa de escolarización formal a muchos niños y niñas les preocupan temas como a qué edad se puede tener un bebé o si son adoptados.

«Mamá, ¿por dónde salen los bebés?»

Anna, tiene 5 años y medio. Se acerca a su madre para preguntarle de dónde salió ella. Cuando la madre responde que de su barriga, ella dice: «¿Y por dónde? ¿Por el ombligo?» «No, por la vagina, por donde salen todos los bebés del mundo. ¿Quieres ver un libro que enseña cómo nacen los bebés?»

En esta etapa, a tu hijo o tu hija la sexualidad le interesa de manera especial. De modo que has de aprovechar las ocasiones que se te presenten como las películas, sus silencios y sus preguntas, las canciones, los carteles de la calle, para hacer de ello una oportunidad educativa. Porque en esta etapa la información en pequeñas dosis da muy buenos resultados, creando un ambiente de confianza y tranquilidad interior.

«¿Cómo llegó ahí el bebé?»

Juan, 6 años, está en la sala de espera del pediatra. Su madre conversa con una mujer embarazada a la que parece que le queda poco para alumbrar. Juan escucha interesado la conversación. Cómo se mueve el bebé, cómo se siente la futura madre... hasta que le pregunta a esta: «¿Y cómo llegó ahí el bebé?» «Ya te lo explicará tu madre», responde la mujer, sorprendida.

Sin duda, hoy en día los niños participan en muchas conversaciones de adultos, a veces como oyentes pasivos (haciéndose los distraídos), otras interviniendo, y siempre increíblemente atentos.

Antes de los 6 años la mayoría de los niños empiezan a manifestar un interés especial por la concepción. Es evidente que a esta edad no es necesario responder de inmediato con una versión adaptada sobre qué es copular, pero si fuera necesario se puede proporcionar información adecuada valiéndose primero de los animales, y valorar si con esa información ya es suficiente. A estas edades es probable que los niños no necesiten mucho más, ya que en el fondo lo único que desean es saber cómo han llegado a la barriga de su madre. En este punto es fundamental hacer hincapié en el amor con que la madre y el padre desearon que naciera, porque lo importante es asociar el amor con su nacimiento. De hecho, al relacionar este con un acto amoroso se abre la puerta para explicarle que cuando un bebé está en el vientre de su mamá es porque los padres se aman. Obviamente, el hecho de que las cigüeñas sigan felices en su hábitat y las semillitas en el suyo permite que los niños tengan acceso a un tipo de información más biológica y adecuada a su edad, donde empiezan a quedar descartados argumentos tales como que el papá pone una semillita en la mamá, sustituidos ahora por: «Papá introduce en el cuerpo de mamá unas células llamadas espermatozoides para que se encuentren con una célula llamada óvulo. Cuando un espermatozoide y un óvulo se unen, se forma un bebé chiquitito que se acomoda en un lugar del cuerpo de la mamá para crecer.»

Este es el modo en que los niños pueden entender que tanto la madre como el padre participan al mismo nivel en la gestación. Tal como participaron de «su» gestación.

Como es lógico suponer, esto exige a los padres cambiar el colorido de la información que recibieron.

Ya sabemos que los niños pueden sobrevivir a todo tipo de mentiras, pero es importante dar un poco de información cercana al hecho biológico, aunque el niño tenga que añadir su propia fantasía. En cualquier caso, será una información más real que el viejo y desusado cuento de la semillita.

«Papá, ¿para qué compra tampones mamá?»

Martina, 5 años. Sale de la farmacia, donde su mamá está pagando la cuenta, y sube al coche, donde las espera el padre. «Papá, para qué son los tampones que compra mamá, que ella no quiere decírmelo?» El padre, lejos de estresarse y no saber qué contestar, le pregunta a su vez: «¿Y tú has visto que los compra muy a menudo?» «Sí, la he visto muchas veces», responde Martina. «Pues eso es porque cada mes, en el útero, que es el lugar donde crecen los bebés cuando una mujer está embarazada, hay unas células especiales que forman un tejido. Si hay un bebe que está creciendo, ese tejido ayuda a que el bebé se desarrolle; si no hay ningún bebé que lo necesite, el cuerpo saca por la vagina ese tejido que no tiene ninguna función (ya sabes que todo lo que el cuerpo no usa, lo saca). Como lo que sale es un poquito de sangre, los tampones sirven para absorber esa sangre y que no se ensucie la ropa. Seguramente alguna vez verás algún anuncio de la tele que muestre tampones. Ahora ya sabes para qué sirven. Las mujeres los usan solo unos días al mes, mientras el cuerpo trabaja expulsando lo que no va a usar...»

Aunque resulte complicado explicar a una niña o a un niño la menstruación, siempre es mejor que lo sepan a que un día por descuido vean sangre, adviertan que es de su madre y su fantasía se dispare. La experiencia ha demostrado que lo primero que creen los niños es que algo malo le va a pasar.

De las preguntas a las afirmaciones

«Soy niña, pero me siento niño.» Esta frase la pronunció Jazmín a sus padres cuando solo tenía 6 años. A veces es posible que en torno a los 5 años un niño o una niña haga este tipo de comentario a su madre, a su padre o a ambos, pues se trata de una etapa que coincide con la permanencia de la identidad. Toman conciencia de que aquello que sienten será para siempre, y que no depende de cómo desean ser, sino de cosas que ocurren en su cuerpo, de características propias, y no del rol social que les han asignado. Ahora bien, que ello ocurra, que un niño o una niña diga a sus padres que se siente de un sexo distinto del suyo no significa que estos deban salir corriendo a ver al psicólogo o al pediatra. Más que requerir una reacción urgente para definir cuanto antes lo que tal vez consideren un «problema» de identidad en la infancia, es de la mayor importancia comprender el sufrimiento que esta situación puede estar causándole al niño. Es decir, saber cómo se siente este, qué le pasa... De hecho, no todos los niños que tienen comportamientos o pensamientos relacionados con su género antes de la pubertad deben ser etiquetados en un sentido o en otro. Al contrario, lo primero que necesitarán los padres es dejarse guiar por su humanidad, intentando comprender cuál es el conflicto que el niño plantea, y ayudarle para que tenga una vida ante todo digna.

Media docena de cosas que todo niño y toda niña necesitan saber en esta etapa aunque no se atrevan a preguntar

La necesidad de una educación sexual nunca ha sido tan urgente como ahora. La cultura digital expone a los niños a información permanente e irreal, que a sus edades les llega a través del grupo de compañeros del colegio, de los amigos de juego en la plaza... desconectándolos de lo que implica su sexualidad, lo cual les genera miedos e inseguridades que van más allá de los que sentirían naturalmente por su edad. Los padres serán los encargados de aliviar la incertidumbre que provocan en ellos los cambios corporales, de enseñarles el modo en que deben respetar su propio cuerpo y el de los demás. En cualquier caso, piensa respuestas que integren varios aspectos de la sexualidad, de modo que puedas dirigir tu respuesta al menos a las cuatro dimensiones de la persona: la corporalidad, la afectividad, la racionalidad y la espiritualidad o trascendencia. Puedes empezar con una breve explicación de los cambios que experimenta su cuerpo. Haz una referencia a cómo se siente, a sus emociones, a lo que piensa o siente respecto del tema sobre el que te interroga. Siempre es mejor saber qué idea previa tiene tu hijo para conocer a qué tipo de información está accediendo, cómo se le ocurrió esa pregunta, etc. Ayúdale a razonar por sí mismo, por ejemplo, con preguntas abiertas del tipo: «¿Qué te parece a ti?», o bien devolviéndole la pregunta: «¿Y qué piensas tú de lo que me has preguntado?» Pero no indagues. Solo se trata de que le ayudes a reflexionar. Al acabar la conversación, si puedes, muéstrale una visión mayor, lo que ocurre en otras culturas, por ejemplo, lo que piensan de ese tema en otros países, o bien relaciónalo con tu visión espiritual, mostrándole que la educación de la sexualidad es algo que solo podemos llevar a cabo los seres humanos, no los animales, porque somos seres espirituales. Ahora bien, esto es lo que tu hijo o tu hija necesita saber en esta etapa:

1. Los valores de la familia. Haz mentalmente una lista de los cuatro o cinco valores familiares que consideres importantes, y no dejes de transmitirlos cada vez que lo consideres conveniente y mediante explicaciones diferentes.

2. Enséñale que el cuerpo cambia cuando se crece, y que eso implica aprender a cuidarse, así como poner en práctica algunas normas relacionadas con la privacidad y la desnudez, considerar los genitales como partes privadas, comprender que el propio cuerpo no es algo que cualquiera puede tocar, ni siquiera la familia. Insiste en que tiene el derecho y el permiso para decir «no» al contacto incómodo,

incluso a defenderse y huir si se trata de un niño mayor.

3. Da explicaciones breves y sírvete de libros, adaptados a la edad de tu hijo o tu hija, sobre cómo crecen los bebés dentro del vientre, y también sobre el nacimiento, haciendo hincapié en la actitud de la familia ante la espera.

4. Háblale de las funciones corporales básicas, incluyendo la función de los genitales. Ello incluye temas como la reproducción y el placer, destacando que es probable que experimente una sensación agradable cuando se toque las partes íntimas, pero que siempre debe hacerlo en privado. Este modo de hablar con tu hijo le permitirá sentirse autorizado en relación con el placer.

5. Si bien hay muchas formas de explicarle a tu hijo qué es el abuso sexual, la idea principal que necesita entender es que el abuso ocurre cuando alguien, aunque sea una persona a la que conoce, le toca sus partes íntimas, le habla de ellas o le pide que le toque las suyas.

6. Incúlcale que no debe hablar con desconocidos ni creer que estos pueden darle un regalo, una sorpresa o compartir con ellos un secreto. Igualmente, si el desconocido insiste en que lo acompañe, lo siga o intenta tocarlo, dile que escape, eche a correr lo más rápido que pueda y le cuente lo ocurrido a sus padres, a la policía, a su maestra o a una persona de confianza.

7. Insiste en que su cuerpo, sus emociones y sus fantasías son suyas, y que ningún adulto ni ningún

niño o niña tres o cuatro años mayor puede decirle o hacerle hacer algo que luego deba guardar como un secreto.

Primeras enseñanzas para la prevención del abuso sexual

No es sencillo en esta etapa explicar a los niños cómo prevenir el abuso sexual. Sin embargo, debido a que es un tema del que se empieza a hablar ahora y no se acaba hasta el final de la adolescencia, adecuado a los diferentes riesgos a los que se enfrentará a medida que crezca, es interesante que conozca algunas cuestiones clave que pueden ser transmitidas poco a poco. Como sabes, no se trata de darles una clase magistral, sino de aprovechar situaciones cotidianas para trasmitirles ideas como las que se exponen a continuación, que cada padre o madre adaptará, a su modo, a las características evolutivas y de personalidad del hijo:

- El abuso sexual ocurre cuando alguien te pide o te obliga a hacer algo en relación con tu persona, tus genitales o los genitales de la otra persona. Y, como todo abuso, debe pararse y denunciarse.
- El abuso sexual puede provenir de alguien que tú conoces. Eso no lo hace menos grave. Al contrario, sobre todo si es alguien a quien ves a menudo.
- Se trata de algo que ocurre sin importar la raza, la clase social o la religión. Por eso los padres somos los principales encargados de dar a los hijos la in-

formación que necesitan, y las pautas de cómo deben actuar si esto les pasa.

- El hijo debe comprender que sus padres siempre lo van a creer y lo van a proteger.

- Incúlcale que si se encuentra solo en casa nadie puede entrar en esta, ni siquiera un vecino que le pida ayuda. A veces hay personas que se las ayuda a buscar a su perro o a un familiar; o puede que digan que a ti, a su madre o a ambos les ha pasado algo y que debe acompañarlos; incluso es posible que le ofrezcan un regalo secreto. Debes enseñarle que en tales circunstancias siempre hay que decir «No» y buscar protección.

- Nadie puede obligar al niño a ocultar algo que este considere incorrecto. Como si alguien le toca los genitales y le pide, a cambio de un regalo, un premio o amenazas, que guarde el secreto. Los secretos nunca necesitan un regalo ni un premio, y mucho menos una amenaza. Estos secretos son los que nunca se deben guardar.

- Enséñale a tu hijo que, sea lo que sea lo que tenga que contar, nunca será su culpa. ¡NUNCA!

- Ayúdalo a reflexionar sobre el hecho de que hay afecto y caricias que significan protección. Y también hay caricias que le hacen sentir mal, que no son buenas ni le hacen sentir bien, porque son contra su voluntad, no las quiere, son obligadas, incluso pueden ser dolorosas.

- Incúlcale que su cuerpo le pertenece solo a él, y que nadie, niño o adulto (a excepción del médico en caso de enfermedad), tiene derecho a tocar sus partes ín-

timas. De modo que no hay que obedecer ciegamente a todos los adultos. Explícale que es como si
alguien le pidiese que robara o hiciese daño a otra
persona. Diría: «No», igual que ante el abuso, y que
cuando esto ocurra siempre hay que contarlo.

6

«¿Qué me está pasando?»

El inicio de la pubertad. De los 7 a los 9 años

> Un niño que no se acepta o no se respeta no
> tiene espacio de reflexión porque está en la continua
> negación de sí mismo y en la búsqueda ansiosa de
> lo que no es ni puede ser.
>
> MATURANA

A partir de los 7 años, los niños y las niñas se preparan biológicamente para la llegada de la pubertad. Esto significa que las transformaciones físicas, propias de uno de los momentos de transición más importantes de la infancia, ocurren mucho antes de que ellos sean conscientes y mucho antes de que los padres vean los cambios. Por ello, estos necesitarán, desde el primer momento, entender que los grandes cambios que se están dando en el desarrollo de la sexualidad del hijo siguen un orden. Básicamente, porque el desarrollo sexual y físico se produce bastante antes que el desarrollo emocional. Y a la inversa, la madurez emocional acaba mucho después de que los órganos sexuales alcancen la madurez completa, al final de la adolescencia.

Los cambios físicos se inician exactamente cuando el cuerpo alcanza una madurez determinada y el cerebro libera una hormona especial que inicia los cambios de la pubertad. Cuando esta hormona, denominada hormona liberadora de gonadotrofina o GnRH, llega a la hipófisis (una glándula del tamaño y la forma de un guisante que se encuentra justo debajo del cerebro), esta libera en el torrente sanguíneo dos hormonas más: la luteinizante (LH) y la foliculoestimulante (FSH). Tanto los hombres como las mujeres tienen estas dos hormonas, pero, según el sexo, afectarán a distintas partes del cuerpo. En los chicos, viajarán por el torrente sanguíneo y enviarán a los testículos la señal de que deben empezar a producir esperma y testosterona, la hormona que provoca la mayor parte de los cambios en el cuerpo de los chicos durante la pubertad. En el caso de las chicas, la FSH y la LH se dirigen a los ovarios, que contienen óvulos, que han estado allí desde el nacimiento. Estas hormonas estimulan los ovarios para que empiecen a producir otra hormona, llamada estrógeno. El estrógeno, junto con la FSH y la LH, hace que el cuerpo de la chica se desarrolle y madure, preparándolo de este modo para el embarazo. De modo que mientras todo esto sucede durante la pubertad y las sustancias químicas continúan moviéndose por el cuerpo de tu hijo o hija, que poco a poco deja atrás la niñez para transformarse en una persona adulta con niveles hormonales adultos, a ti te tocará educarle para que logre una sexualidad satisfactoria con cierta perspectiva, porque aún le queda mucho camino por recorrer. Por lo tanto, nada de ir con prisas. La pubertad se toma su tiempo. La naturaleza se toma su tiempo.

A menudo, el gran cambio que los padres ven en su hijo o hija es el distanciamiento de este, pues aumenta su interés por el mundo social y suele aparecer el primer «amigo» o «amiga», con quien mantiene una fuerte relación emocional que, al mismo tiempo, le sirve para sentir que puede alejarse un poco de la órbita de los padres sin por ello correr peligro. Algunos progenitores observan también ciertos cambios emocionales en sus hijos, que repercuten en el modo en que se ven y valoran a sí mismos y deciden relacionarse. Y no solo porque en esta etapa es altamente probable que experimenten altibajos emocionales, sino porque también aparecen emociones secundarias como la vergüenza cuando se trata de su cuerpo. Respecto de la relación del niño con su cuerpo, la psicoanalista Françoise Dolto dice: «Cuando es pequeño, no ve, por ejemplo, los órganos sexuales. Solo los ve a partir del momento en que advierte la diferencia sexual (y no solamente sexual). A partir de la diferencia entre todas las formas comienza verdaderamente a "ver", a observar cuerpos. Los adultos deben saber que entre los 2 meses y los 2 años y medio el niño no posee el sentido del volumen y de la diferencia. El momento en que el niño se da cuenta de las diferencias es sumamente importante, puesto que en él se estructura la realidad. De suerte que, a esa edad, la diferencia de tamaño es para él diferencia de belleza: el grande es mejor que el pequeño; se siente inferior a los adultos, por mucho que, en ese momento, ya sea capaz de pronunciar perfectamente algunas palabras.

Sin embargo, en los planos sexual y corporal no es capaz de valorarse como su «maravilloso» papá y su «maravillosa» mamá.» Y respecto de la propia desnudez en esta etapa, y en relación con la desnudez de los padres, añade: «Que sepan que sus padres están hechos como todos los demás adultos. ¿Por qué no? Pero los padres en sí mismos son sumamente importantes: el hecho de tener cotidianamente su desnudez ante sus ojos hace que los niños continúen no queriéndolos ver. Se meten, ¿cómo decirlo?, en una especie de escondite imaginario, porque la desnudez de los padres, la belleza de los padres, los hiere. Y esto es algo que los padres no comprenden.» Para comprender qué pasa con el niño que de pronto parece haberse vuelto un gran puritano, hay que pensar que en torno a los 6 o 7 años lo más importante para él es qué piensan sus iguales, por lo que no hay que obligarlo a comportarse como lo hacía antes ni como tal vez siga haciéndolo la familia. Dolto dice: «En la pubertad, los niños vuelven a encontrarse en un estado de inferioridad.» Y si se los obliga a mostrar su cuerpo, es probable que, aunque obedezcan porque es una costumbre de la familia, se sientan luego apagados y tristes, incluso avergonzados. No es raro escuchar frases con las que explican lo que sienten y qué es eso que les resulta incomprensible, por ejemplo: «¡Soy tan feo...!» O: «Todos mis amigos/as son más guapos/as que yo.» Y lo más curioso es que, muchas veces, los padres tienen que escuchar estas palabras de hijos e hijas que son realmente bellas personas, tanto física como interiormente. Entonces, ¿qué les ocurre?, suelen preguntarse. Es tan simple como el hecho de que, al entrar en la etapa de la pubertad y durante la mayor parte de este período, en el que la sexualidad adquiere una gran importancia, se perciben realmente devorados por la mirada de los demás. Es una etapa de una increíble sensibilidad, en especial con las personas mayores. Es por ello por lo que en esta etapa resulta imprescindible que los padres acepten que el cuerpo y los sentimientos del hijo marchen al unísono, incluso si se trata de sentimientos nuevos, y que acepten que:

1. Su hijo o hija sea capaz de poner límites y le permitan hacerlo, porque esta es la señal de que se siente dueño de su cuerpo y está en condiciones de ejercer cierto control sobre sus impulsos.
2. No quiera mostrar su desnudez delante de la familia aunque antes lo haya hecho.
3. Desee cerrar la puerta de su habitación para tener más intimidad, por ejemplo, en el momento de desvestirse, o la del cuarto de baño cuando toma una ducha.
4. El pudor es la mezcla de la vergüenza y la toma de conciencia del deseo, que ahora se traduce en deseo de autonomía. En esta etapa no saben qué implica para ellos desear a otro; tal vez sepan qué es querer estar más tiempo con un amigo, pero no mucho más, aunque la sensación la experimentan en su interior, y esto los confunde.

Más atentos al radar interior

A partir de los 7 años es interesante enseñar a los niños la importancia de conocer las propias emociones, porque estas funcionan como un radar que les servirá para conocerse y saber cómo actuar y qué hacer en cada momento. Es por ello por lo que los padres, más que alarmarse ante los cambios del hijo, pueden ayudarle a sacar provecho de esta etapa. Y es que son muchos los aprendizajes y las conquistas que se producen a partir de los 7 años, no solo en lo que concierne al desarrollo biológico o las experiencias de índole social, sino en lo que atañe a que se comprendan a sí mismos, a los demás y al mundo en que viven. Si los padres tienen en cuenta que la pubertad es un compendio de grandes aprendizajes, es imprescindible que los hijos perciban que hay emociones que son bienvenidas y otras que no lo son tanto, pero que todas son «buenas» en la medida en que le pertenecen y le están «diciendo algo». De hecho, es interesante que los padres entiendan y ayuden a sus hijos a percibir que las emociones unen aspectos fisiológicos, sociales y psicológicos, y constituyen una respuesta que nos moviliza para volver a un estado de equilibrio y adaptación.

Sin embargo, existe una situación que se desequilibra por un estímulo que puede ser real, simbólico, desconocido o imaginado. Al no ser conscientes de las emociones que experimentan (aunque sí lo son de los sentimientos, que son menos fisiológicos), en la pubertad los hijos pueden sentirse muy confusos. Así pues, el primer mensaje que han de recibir es que evolutivamente las emociones constituyen aquello que nos ha permitido sobrevivir como organismos en medios hostiles y preservar la especie.

Emociones primarias

Es importante para los hijos entender que las emociones son similares a una ruta interna, con sensaciones y estados que nos permiten darnos cuenta de que algo nos ha impactado.

Por ejemplo, el miedo puede hacer que les suden las manos o que tengan escalofríos.

Y ¿qué ocurre primero? ¿La reacción física o la toma de conciencia de lo que pasa?

De hecho, lo que primero se percibe son las reacciones físicas. La mayor parte de las investigaciones al respecto coincide en que aprender a distinguir las emociones es un gran paso durante la pubertad. Para ello, los padres pueden imaginar dos grandes círculos. En el de la izquierda ubicarán las emociones primarias, y en el otro, las secundarias, con todos sus matices o grados. En el primero estarán la cólera, la alegría, el miedo y la tristeza, y sus grados..., emociones que pueden percibirse en diferentes grados. El cuadro que sigue es solo a modo de ejemplo para que puedas ayudar a tu hijo a registrar su estado interior en una época en que las emociones se viven, por desconocidas, con cierta exageración.

Intensidad de las emociones	CÓLERA	ALEGRÍA	MIEDO	TRISTEZA
TENUE	fastidio	disfrute	intranquilidad	aflicción
LIGERA	molestia	placer	inquietud	pesadumbre

ACEN-TUADA	enojo	satisfacción	zozobra	congoja
AUMEN-TADA	indignación	dicha	aprehen-sión	sufrimiento
INTENSA	irritabilidad	deleite	terror	desolación
FUERTE	hostilidad	felicidad	pavor	angustia
EXTRE-MA	violencia	éxtasis	pánico	pesar

Emociones secundarias

Estas emociones son un poco más complejas y a los niños no les resulta fácil reconocerlas sin ayuda de un adulto. Si bien algunas investigaciones aseguran que las ocho emociones mencionadas son las llamadas básicas, y que al mezclarse dan origen a las emociones secundarias,[11] lo cierto es que en esta etapa del desarrollo los niños necesitan conocer que hay diferentes grados, y que ello les da en gran medida la clave de lo que les pasa; por ejemplo, si es importante o no.

11. Robert Plutchik (1927-2006), psicólogo estadounidense, fue profesor emérito del Albert Einstein College de Medicina y profesor adjunto de la Universidad de Florida Sur. Fue el creador de la famosa «Rueda de las Emociones de Plutchik», una teoría evolucionista sobre las emociones, mediante la que mostraba cómo tanto animales como humanos han ido evolucionando sus emociones para adaptar los organismos al entorno.

Intensidad de las emociones	AMOR	SORPRE-SA	VER-GÜENZA	AVER-SIÓN
TENUE	afecto	pasmo	turbación	rechazo
LIGERA	cariño	asombro	sonrojo	desprecio
ACEN-TUADA	amor	estupor	rubor	menospre-cio
AUMEN-TADA	adoración	consterna-ción	bochorno	desdén
INTENSA	devoción	alarma	deshonor	asco
FUERTE	idolatría	consterna-ción	humillación	repulsión
EXTRE-MA	éxtasis	*shock*	deshonra	aberración

Para tu bloc de notas...

La pubertad comienza en algún punto comprendido entre los 7 y 13 años en las chicas y entre los 9 y 15 años en los chicos. Sin embargo, es posible que comience un poco antes o un poco después, ya que la edad exacta depende de muchos factores, como los genes o la nutrición. Si empieza antes de tiempo, es lo que se conoce como pubertad precoz; por el contrario, si lo hace más tarde, es pubertad tardía. En cualquier caso, entre los desafíos de esta etapa, tu hijo no solo deberá comprender qué le ocurre, sino también aprender a tomar decisiones sobre su cuerpo, sobre sí mismo y sobre cómo quiere relacionarse con los demás; esto es para ellos lo más importante de todo, aunque también lo es aprender a valorarse y descubrir cómo sentirse integrado entre sus iguales. Este es uno de los impactos más fuertes para la autoestima.

Muéstrale las señales que le indicarán sus cambios antes de que aparezcan

Tanto si tienes que educar a un niño como a una niña, lo cierto es que necesitará conocer los cambios de la pubertad antes de que ocurran. En especial porque cuando se inicia la pubertad es corriente que se sientan «raros» debido a los cambios que se producen en su cuerpo y que no comprenden. Si a ello se suma que algunos de sus amigos siguen pareciendo pequeños mientras que ellos parecen mayores, o a la inversa, su estado de ánimo puede ser de constante ansiedad.

Además de ayudarle a reconocer y expresar sus emociones, puedes explicarle que, cuando en esta etapa las hormonas se pongan en marcha, es probable que se sienta extraño, ya que, además de las sensaciones y emociones hasta ahora desconocidas, aparecerán cambios visibles en su cuerpo, como el vello en las axilas y en el pubis, que, aunque escaso al principio, tanto para las chicas como para los chicos constituye toda una novedad. Explícale que será más espeso y oscuro a medida que pase la pubertad y se acerque a la adolescencia. A los chicos comenzará a aparecerles el vello de la barba, y habrá que explicarles también que se le agrandarán los testículos y el cuerpo crecerá aceleradamente; algunos niños llegan a crecer más de diez centímetros en apenas un año, pero esto es algo que no ocurre al inicio de la pubertad, sino mucho después. El aumento de estatura en los hijos es algo que, en lo que a educación de la sexualidad se refiere, a veces confunde a los padres, que debido a ello creen que sus hijos ya son mayores, cuando continúan moviéndose entre el anhelo por la niñez y los desafíos de la nueva etapa. Ven que sus hombros se ensanchan, que adquieren un cuerpo más musculoso, que empieza a cambiarles la voz. También suele ocurrir que, al percibirlos mayores de lo que son en verdad, dejen de darles afecto como hacían apenas dos o tres meses antes, que se distancien debido a la idea de que «se está haciendo hombre», y se convenzan de que los niños saben más de sus cuerpos de lo que realmente saben. Por supuesto, el niño no suele entender qué le ocurre emocionalmente a su padre mientras este le anticipa otros cambios, como las poluciones nocturnas. En este sentido es importante que ambos progenitores tomen conciencia de que los hijos varones no solo necesitan que se les informe, sino también hablar de ello en un ambiente donde se sientan igual de queridos y comprendidos, para que comprendan que las poluciones nocturnas son una parte normal de la pubertad.

La pubertad en las niñas

El cambio físico en las niñas también se caracteriza por un aumento de estatura y un ensanchamiento de las caderas. Pero primero aparecerá el vello en el pubis, las axilas y las piernas, y el sudor. También habrá un desarrollo de las mamas, signo principal de que una niña está entrando en la pubertad, y secreciones vaginales claras y blanquecinas. A esto sigue la primera menstruación, que se denomina menarquia. Puedes explicarle que, si bien la menstruación (el sangrado) dura de 3 a 7 días, todo el ciclo menstrual dura entre 28 a 32 días, ya que se compone de diferentes fases. Dile que es probable que, al principio, y hasta que el cuerpo se adapte, su ciclo puede ser irregular. Explícale de una manera sencilla que la menstruación es el resultado de que un ovario libera un óvulo, que baja por la trompa de Falopio, la cual conecta el ovario con el útero, y que, al llegar al útero, si no ha sido fecundado, sale naturalmente del cuerpo junto con el tejido que reviste al útero con sangre. Dicho de otro modo, si el óvulo no encuentra ningún espermatozoide, el revestimiento del útero, que en cada ciclo menstrual se prepara para anidar un óvulo fecundado engrosándose, se desprende y sale del cuerpo a través de la vagina en forma de flujo de sangre. Por el momento, si no demuestra que desea saber más, con esta o una explicación similar es suficiente.

Naturalmente, habrá que poner el foco en cómo se enfrentan las niñas a los cambios emocionales y físicos, cómo asimilan su identidad, cómo manifiestan y perciben su sexualidad, qué entienden sobre lo que pasa a su alrededor, y también cómo se alimentan. Hay estudios que revelan una clara relación entre la pubertad precoz en las niñas y el consumo de ciertos alimentos que inciden en el desarrollo, como el azúcar y las bebidas azucaradas. También en esta etapa comienzan las primeras conversaciones sobre el amor romántico y cómo evitar implicarse demasiado emocional, psicológica y físicamente en los primeros enamoramientos.

Para tu bloc de notas...

A los 7 años muchos niños y niñas ya han tomado muchas decisiones en que está implicada su sexualidad, tan cotidianas como en qué amigo van a confiar sus dudas sobre su intimidad en la escuela, o a qué juegos van a jugar, por lo que es importante enseñarles a esta edad a tomar buenas decisiones, de modo que, a medida que crezcan, cuando vayan madurando, dispongan de recursos que recordarán y pondrán en práctica.

Preguntas menos directas

Contrariamente a lo que los padres creen, en el inicio de la pubertad los niños hacen menos preguntas directas aunque tengan más confianza y libertad para hablar.

Silvia, 9 años. «¿Para ti qué es estar gorda?»
Silvia lleva dos días diciéndole a la madre que no se siente bien, que no quiere comer. Asegura que es la

más gorda de la clase, que se lo han dicho sus compañeras. Y que los chicos se ríen de ella. La madre le explica que su cuerpo es normal para la edad que tiene, y que cuando se llega a la pubertad lo usual es que aparezcan más curvas en el cuerpo de las chicas y que se ensanchen las caderas, que es armónico al desarrollo de los senos, por lo que algunas niñas ya empiezan a usar sostén a la hora de hacer deportes.

Puedes explicar a tu hija que, si se ve en una situación similar, recuerde que cada persona pasa por la etapa a su propio ritmo, que no existe un modelo de cuerpo perfecto, que la idea de un cuerpo perfecto es producto del *marketing* y la publicidad, que los cuerpos cambian, huelen, les sale vello... Que esa es la razón por la que los padres insisten en el aseo diario, en la importancia de la alimentación, en la práctica del deporte y en dormir las horas necesarias, ya que mientras se duerme el cuerpo se recupera.

Romina, 8 años.
Romina: «¿A qué edad tuviste el primer período? Me da mucho miedo, mamá...»
La madre: «Iremos a preguntarle al médico, pero si te urge puedo mirarlo por internet.»
Romina: «No sé si será eso, pero a veces siento como si mi cuerpo no fuera el mío de siempre. Es una sensación rara, que viene y va, y que tampoco me gusta.»

Si consideras que debes explicarle a tu hija que su cuerpo se está preparando para la menstruación, necesitas saber que la menarquia aparece entre los 18 y 20 meses posteriores al desarrollo de los senos. Explícale que todo lo que le pasa es resultado del trabajo que están haciendo las hormonas y que es algo que les ocurre a todas las niñas del mundo en esta etapa. Ayúdala también a relativizar la percepción de que su cuerpo se haya convertido en extraño. Explícale que en ocasiones muchas niñas no saben lo que les pasa y les parece que su cuerpo es algo independiente de sus emociones y sensaciones, y que esto se debe a que en este período su psique está trabajando mucho más. Está borrando la memoria del cuerpo de niña pequeña y asimilando y archivando los nuevos cambios físicos, sensaciones y el cómo y dónde le afectan las emociones. Puedes tranquilizarla, por ejemplo, comprando unas compresas y enseñándole cómo son. Que abra los paquetes, las toque, pruebe cómo es ponerse una. Incluso podéis ir juntas al supermercado o la farmacia, enséñale qué elegir, e insiste en que es importante tener siempre una en la mochila.

Fidel, 8 años. «Papá, ¿qué haces cuando te pasa esto?»

El padre ha llevado a Fidel a la fiesta de cumpleaños de uno de sus mejores amigos. Pero el niño se niega a bajar del coche. Cuando el padre le pregunta si lo que le ocurre es que no quiere ir a la fiesta, el niño le responde que le da mucha vergüenza que se le note que tiene una erección. El padre lo tranquiliza explicándole que es normal que le pase eso, porque significa que su cuerpo y su mente funcionan perfectamente. A continuación, le explica que lo único que ocurre es que cuando el pene se llena de sangre, se endurece, y que eso sucede cuando uno piensa o ve algo con connotaciones sexuales, pero que también puede ocurrir sin que pase nada especial. Así que, si quiere, pueden esperar un rato y charlar de lo que quiera. No obstante, ha de saber que es algo que les pasa a todos los chicos de su edad, incluso a adolescentes, y que las erecciones no se pueden controlar. A algunos chicos les ocurre en la clase de inglés, por ejemplo, charlando con la hermana de su mejor amigo; es decir, que se producen en las situaciones más inesperadas, sencillamente porque durante la pubertad son las hormonas las que rigen el organismo.

Si tu hijo ha logrado compartir contigo este tipo de confidencias, no dudes de que se trata de la punta del iceberg y que tiene muchas más preguntas reservadas para ocasiones similares, es decir, cuando nadie más que tú lo escuche. De la larga lista de preguntas que te tenga reservadas, puede que formule algunas de estas: «¿Cuántas se pueden tener en un día?», «¿Sabes que las tengo desde que me despierto?», «¿No puedo mirar a una chica que me guste sin que me pase?». Piensa que, si lo dice, es porque necesita expresarlo. Ahora bien, explícale que todo lo que le ocurre es normal, pero que, si le duran mucho tiempo o son dolorosas, no estaría de más consultar con el pediatra.

Alberto, 8 años. «¿Cómo seré yo cuando me enamore?»

Es el fin de semana y los padres de Alberto se preparan para ir a verlo jugar al rugby. Alberto dice que no quiere ir más, que ahora le interesan otras cosas. Cuando le preguntan qué le gusta más que el rugby, Alberto mira a su madre a los ojos y contesta: «Mamá, es que creo que me he enamorado.»

Es muy habitual que a partir de esta edad muchos niños y niñas digan que están enamorados de alguien de su clase, del barrio o incluso de un personaje popular de la televisión. Esto se debe a que en la pubertad se sienten confusos y muy sensibles, porque las emociones son para ellos nuevas e intensas. Entre otras cosas, para que no se sientan confundidos, puede ser interesante que los adultos de la familia próxima o extensa no insistan en preguntarles si tienen novio o novia; en primer lugar, porque no hay por qué preguntarle al niño acerca de algo que no cuenta, y, en segundo lugar, porque si los padres eluden mensajes claros sobre sexualidad y el niño o la niña tiene menos de 10 años, lo primero que este pensará es: «Ah, vale, lo que tengo que hacer es tener novio (o novia).» Así y todo, a partir de los 8 años, que es cuando experimentan una relación íntima de confianza, los niños perciben muy intensamente la amistad, aunque es probable que se sientan por primera realmente enamorados entre los 10 y los 12 años.

Aldana, 9 años. «No me gusta hablar de sexo.»
Sus padres le han regalado un libro sobre el desarrollo sexual. Aldana lo deja en un rincón de la biblioteca de ellos. Al cabo de unos días, sus padres lo descubren y le dicen que es de ella, que el lugar es la biblioteca de su habitación, a lo que Aldana responde que no le gus-

ta hablar de sexo, que su abuela le ha dicho que es algo asqueroso.

Al inicio de la pubertad es común que los niños huyan de los padres cuando estos quieren hablar de sexualidad, porque se sienten invadidos. Sin embargo, pueden investigar por su lado sin ningún problema. Es cualquier caso, los padres necesitan saber que su hijo ha madurado en muchos aspectos y que realmente puede hablar de estos temas. Y si se le ayuda a derribar barreras, podrá sentirse más seguro y expresar sus dudas e ideas.

Nuevas habilidades que ayudan a tu hijo a comprender mejor todo lo relacionado con la sexualidad

Cuando se inicia la pubertad, los niños han ido perdiendo la tendencia al animismo, propia de la etapa de 3 años, y en cierto modo también la de resolver mediante la fantasía aquello que no entienden. Ahora buscan en mayor medida comprender las causas. Estos logros son posibles por varias razones. La más importante es la madurez cerebral y los cambios cognitivos producto del aprendizaje, lo que proporciona un incremento en la velocidad y eficiencia de los procesos cerebrales, desarrollando habilidades ejecutivas que le permiten llevar a cabo nuevos logros, como:

1. Ponerse en el lugar del otro, una de las características distintivas de esta etapa y de toda la segunda

infancia, lo que les da la posibilidad de comprender otros puntos de vista.

2. Ver una misma cosa desde diferentes perspectivas, algo que ha empezado alrededor de los 6 años y que se perfecciona durante la pubertad.

3. Entender al otro, algo que es determinante para encajar en el grupo y para el desarrollo social, así como para comprender las propias emociones y los propios cambios psicofísicos. Al comprender a los demás, y a la inversa, se logra una mayor autorregulación emocional.

4. Haber desarrollado la capacidad para prever las acciones de los demás, lo que le permite cuidarse un poco más que en etapas anteriores ante situaciones que le resulten imprevistas o desconocidas.

Por fortuna, en esta etapa hay otros referentes importantes además de los padres, como los maestros y los hermanos mayores de los amigos, así como una mayor conciencia del vecindario y el contexto donde viven, lo que les permite definir mejor las características de las personas en las que pueden confiar y en las que no. En cualquier caso, los padres pueden valorar si el hijo está viviendo la pubertad con mucha ansiedad o si solo pasa por períodos de ansiedad. Esto puede aliviarse haciendo más ejercicio físico, como natación, gimnasia, danza o actividades al aire libre.

Para tu bloc de notas...

La de los 7 años es llamada a menudo la etapa del «yo puedo», que se caracteriza por una necesidad permanente de ponerse a prueba. De ahí que se llame también «etapa de la bravuconería». Puede durar hasta más allá de los 8 años. Esto significa que pueden hacer alarde ante sus amigos, especialmente los varones, de lo que van descubriendo sobre el sexo, aunque no hablen directamente del tema. Aumenta notablemente la curiosidad en tres puntos: las relaciones sexuales, el enamoramiento y las relaciones de pareja. Es por ello por lo que, alrededor de los 7 u 8 años, en los colegios aparece el «líder sexual», que es el que consigue más información de hermanos mayores o de alguien de la familia extensa, en familias desestructuradas donde los niños pasan mucho tiempo solos en casa, porque se las ingenia para obtenerla por sí mismo, o bien hace ver, por ejemplo, que ya tiene novia, aunque no quiera revelar quién es —porque realmente no la tiene más que en su fantasía—; alardear ya le proporciona suficiente prestigio y poder en el grupo. La presencia del líder sexual en los grupos es algo que los padres necesitarán tener en cuenta al inicio de la pubertad, al tiempo que procuran detectar su identidad. Generalmente se trata de niños que adoptan cierto aire de autosuficiencia (que no siempre es sinónimo de que sepan lo que hacen), y será interesante observar hasta dónde llega el poder de este tipo de líderes, o cómo lo ejercen para que otros hagan cosas que no desean, como molestar a las chicas en la hora del patio porque el líder y el grupo de varones que lo apoya los presionan. En esta etapa existe también una marcada tendencia a compararse a fin de afirmar la autoestima y conseguir la aceptación del grupo, algo que empieza a suceder a partir de los 6 años, cuando actúan más por necesidad de aprobación, buscando un equilibrio entre las relaciones interpersonales y la propia identidad.

Esto es que le puede estar pasando a tu hijo si lo único que quiere en esta etapa es estar solo

Héctor, 8 años. «¡Prefiero estar solo!»

Padre: ¿No vas a jugar con tus amigos?

Héctor: Mis amigos no te gustan... y, además, no tengo amigos.

Padre: ¿Y no puedes jugar con otros niños?

Héctor: No. No estoy bien con ellos.

Padre: ¿Por qué?

Héctor: Prefiero estar solo en mi habitación.

Padre: Hagamos un trato, a ver qué te parece: tú pruebas a ir a jugar un rato al parque y yo pruebo a ver si me gustan tus amigos...

Héctor: ¡Genial! Vuelvo en una hora.

Para algunos padres, ver crecer a sus hijos implica que pierden influencia sobre ellos, algo que ocurre cuando alcanzan los 8, 9 o 10 años. Y, efectivamente, la pierden. El amigo y el grupo adquieren cada vez más importancia en su vida. Y lo cierto es que, si ocurre esto, es porque tu hijo o tu hija está viviendo un inicio de pubertad muy saludable. Especialmente porque entre los 7 y los 9 años ya entienden la idea de reciprocidad y el amigo es aquel con quien hacen cosas juntos. A partir de los 9 años, cuando toman conciencia de que en algún momento tendrán que irse del hogar de los padres porque la sociedad espera algo de ellos, las amistades empiezan a ser percibidas como relaciones duraderas basadas en actos de ayuda y confianza en el otro. Eligen como amigos a aquellos del mismo sexo que los escuchan, los aprueban, les manifiestan cariño, les dan la posibilidad de llevar a cabo ideas propias, acceden a sus peticiones y comparten experiencias y gustos. Si los padres no aceptan esta nueva forma de entender la amistad, suele ocurrir que el hijo se encierre en sí mismo y no tenga el amigo que le ayuda a alejarse de sus progenitores, pero tampoco les dé el gusto a estos de ser como desean que sea. Y es que esta forma nueva de entender la amistad, con importantes funciones en el desarrollo afectivo y social, es clave para entretejer lo que será su red social significativa, en la que probablemente tendrá las primeras experiencias de contacto personal, así como algunas en que perciba deseo hacia otras personas de su edad. De ese modo, ensayará tanto sus habilidades intrapersonales como las interpersonales, consiguiendo así una mejor transición hacia su autonomía, en la que está en juego la cooperación, el respeto y la conciencia de las necesidades y los derechos de los demás. Ahora bien, un modo de ayudar efectivamente a tu hijo es proporcionarle la información que necesita y empatizar con él reconociendo lo difícil que es ir contra lo que dicta el grupo. Esto le permitirá darse cuenta de si está soportando algún tipo de presión por parte de sus iguales. Un comentario sutil de sus padres puede hacerle ver que él tiene toda la libertad de pensar diferente y de no seguir el grupo a ciegas. A veces usar frases como «qué pasaría si...» les ayuda a reflexionar sobre su rol. Como el padre del ejemplo, es positivo ofrecer un cambio o una disculpa al reconocer la presión de los compañeros, lo cual acaba fortaleciendo la relación. El hijo sabe así que su padre no está enfrente, contra el grupo que él ha elegido, sino a su lado.

Primeras charlas sobre el sida

Alrededor de los 8 o 9 años los niños han oído hablar del sida más de una vez y es probable que quieran saber qué es. Si bien en esta etapa no es necesario dar toda la información, es conveniente que tu hijo sepa lo más importante. Es decir, que se trata de una enfermedad grave causada por un virus llamado VIH y que se transmite de diferentes formas, pero que para causar la enfermedad tiene que penetrar en el torrente sanguíneo. Explícale que se transmite por compartir jeringuillas u hojas de afeitar, por hacer pactos de sangre (pinchándose el dedo, tal como ven en las películas), por transmisión sexual (incluso mediante los besos si hay heridas en la boca) o bien perforándose las orejas en sitios que no sean farmacias o centros de salud, o haciéndose tatuajes. Lo importante es que los padres lo expliquen antes de que sus hijos hablen del tema en el seno del grupo de amigos, donde sin duda obtendrán una información tan incompleta como inexacta que muy probablemente generará inquietud, ya que entre los niños de esta edad se habla más en términos de muerte que de prevención, como lo hacen los padres. Es por ello que en esta etapa lo mejor es:

1. Transmitir valores de la propia familia cuando se hable del sida.
2. Informarle de que no existe ninguna medicina capaz de curarlo o prevenirlo, pero que hay cosas que las personas pueden hacer para evitarlo.
3. Demuéstrale que no solo tienes información, sino toda la paciencia y la capacidad necesarias para explicárselo las veces que sea necesario.
4. Explícale que el sida no se contagia por abrazar o sentarse al lado de la persona infectada.

Afirmaciones que requieren más información

Rossetta, 8 años. «Yo sé lo que es hacer sexo.»
La madre de Rossetta está tomando un café con sus amigas antes de llevar a su hija a clase de baile. La niña parece no estar pendiente de la conversación, pero cuando una madre, para disimular delante de la niña, alude a lo importante que es «eso que hacen las parejas», Rossetta levanta la vista de su chocolate caliente con galletas y dice a su madre en voz muy baja: «Yo sé lo que es hacer sexo.» «¡Qué interesante!», responde la madre sin mostrar ninguna señal de alarma. «¿Y cómo te has enterado?», pregunta a continuación. «Lo escuché en la tele.»

A los niños de esta edad les importan mucho las relaciones interpersonales. Y no solo sus preguntas, directas e indirectas, serán cada vez más difíciles de responder, sino que tratarán de entender la conexión entre el amor, el romance y la sexualidad. Desde hace unos años, la influencia de los medios de comunicación les permite acceder a mucha información, pero de muy baja calidad. Las imágenes de triunfo relacionadas con cierta chulería asociada con la experiencia sexual, emitidas en horario de protección al menor, parecen haberse apropiado de la televisión. De modo que las niñas y los niños no solo saben los nombres de los «famosos de moda», sino también su excitante biografía, donde la mayoría aparecen como experimentados en lides sexuales. A eso se suma la moda de «contarlo todo», que coloca a niños y niñas en un lugar de seudocomplicidad sexual, debido a lo cual aunque solo miren una hora de estos programas al día, con solo 7 u 8 años hablarán con una terminología propia de una persona de 30.

Para tu bloc de notas...

Ante las alusiones sexuales no disimuladas procedentes de la televisión y otros medios, es mucho lo que pueden hacer los padres.

1. Puedes leer, ver y escuchar en compañía de tu hijo, y discutir en el seno de la familia acerca de lo que recibe de parte de los medios.

2. Muéstrale claramente a tu hijo cómo los programas de televisión se valen de mensajes sexuales para atraer la atención de la gente, y pregúntale qué piensa de ello a partir de sus propios valores. Cada vez que lo ayudas a desarrollar sus propios criterios y opiniones le proporcionas una herramienta maravillosa para que logre «filtrar» lo que ve.

Enséñale la importancia de tomar buenas decisiones

Aprovecha la curiosidad de tu hijo para responder a sus preguntas sobre sexo, pero también para hacer hincapié en lo importante que es ser sexualmente responsable. A medida que tenga más información, es necesario que sea más consciente de que lo relacionado con su sexualidad es su intimidad, y que esta estará en sus manos exclusivamente. Por supuesto, un niño de 7 a 9 años no es un adolescente al que se le pueda hablar de toma de decisiones en relación con el modo de actuar en pareja, pero sí está en condiciones de comprender que en lo referente a sexualidad es necesario aprender a tomar decisiones lo más acertadas posible. Puedes hablar con tu hijo sobre cuestiones cotidianas, permitiéndole participar de alguna toma de decisiones familiar para que entienda en qué consiste. O puedes plantearle situaciones hipotéticas con peguntas como «¿Qué decidirías si tu mejor amigo te invitase a ir con él a robar unas chocolatinas al quiosco de la esquina? ¿Por qué?», o bien a partir de algunos artículos de periódicos o programas de televisión que veáis juntos. La mejor forma de conocer a los niños es dejar que opinen.

Si descubres que tu hijo ha visto pornografía...

Juan Pablo, 9 años. «Mamá, ¿qué harías si vieses algo que no te gusta?»

Juan Pablo tiene que entregar un trabajo para la clase de educación física. Su hermano de 20 años le ha prestado su portátil. Mientras busca información en internet aparecen varias ventanas emergentes, que no puede cerrar, con imágenes pornográficas. Confuso y aturdido, se acerca a su madre, Roberta, y le cuenta titubeando lo que le ha ocurrido. La madre le explica que eso no es sexo, que es la parte oscura del mercado del cine que usa la idea de que se trata de amor cuando no lo es. Es un tipo de películas que se usa para obtener dinero rápido y hacer que la gente se vuelva adicta a ver genitales. También le prohíbe usar otro ordenador que no sea el de ella. Pero Roberta va más allá. Está segura de que probablemente su hijo de 9 años, independientemente de lo que le ha dicho, se interese a menudo por el tema de la sexualidad debido a que sus hormonas están en su apogeo y en los grupos de varones suele hablarse del tema sencillamente por curiosidad. Debido a ello ha decidido no mostrarse acusadora, por lo que enseguida añade que muchos niños lo hacen. Después le transmite tranquilidad. A veces, una frase del tipo «No hay problema porque hayas visto eso», suele ser bastante tranquilizadora. Para a continuación añadir: «Aun así, hijo, quiero hablar contigo. Debes ser muy cuidadoso con este tema y no ver todo lo que las ventanas te proponen, porque hay cosas realmente aterradoras. Además, esas imágenes no representan la vida real, y no están pensadas para tu edad.»

En la era digital, cada vez más los niños están expuestos al daño que les provoca ver imágenes o vídeos de pornografía. Por tanto, esta, u otra muy similar, será una de las muchas conversaciones que tendrás con tu hijo en los años sucesivos, pero muy pocas necesitarán más de tu tranquilidad, agudeza mental y paciencia. La pubertad, desde los inicios, es un tránsito caracterizado por la curiosidad, y a los niños les encanta contar chistes e historias trasgresoras. Obviamente, ello no significa que los padres no deban insistir una y otra vez en mostrarse firmes ante cualquier implicación de la pornografía, y, a partir de los 8 o 9 años, también ayudarles a reflexionar y a hacerse responsables. La razón principal es que diversas investigaciones[12] están demostrando que los niños, más que las niñas, ven pornografía a edades cada vez más tempranas y acceden a ella por diferentes vías, y no siempre porque lo busquen. Esto es algo verdaderamente grave, porque desde una edad temprana —alrededor de los 7 años—

12. Mediante un estudio con jóvenes, el Comité de la Mujer e Igualdad del Parlamento del Reino Unido demostró, en el año 2014, que el 24,6 % vio por primera vez pornografía *online* a los 12 años y el 7,3 % cuando eran menores de 10 años.

la pornografía les llega en breves imágenes insertadas en anuncios, o mediante ventanas emergentes cuando observan, indefensos, propuestas de compra, o bien a través de publicidad engañosa, como anuncios de una nueva historieta para jóvenes. Todo ello significa que en ningún momento dejan de estar expuestos, de modo que hay que poner el foco en la prevención mediante la implantación de filtros y contraseñas, sin olvidar los aspectos emocionales y psicológicos. En este sentido:

- Escucha atentamente lo que tu hijo quiera contarte.
- Intenta que en estas conversaciones estéis presentes ambos padres.
- Insiste en que lo que muestra la pornografía no es amor ni respeto. Puedes decirle: «Esas imágenes que ves no representan la vida real, están deformadas para que la gente sienta interés en verlas, y por eso no son para tu edad.»
- Enséñale la importancia de hablar siempre con sus padres, o con un médico, sobre lo que haya visto, porque eso no es sexualidad sana.
- Intenta que no se sienta avergonzado, ya que está a merced de sus hormonas y siente curiosidad, pero hazle ver que ese no es el camino para obtener información sobre el sexo.
- Acepta responder a todas sus preguntas. Para ello necesitas ver lo que él pudo haber visto, a fin de entender y así desacreditar, con argumentos sólidos y paciencia, la mala información.
- Prueba a decirle a tu hijo: «Creo que desde que viste esto tienes algunas preguntas sobre sexualidad.

¿Hay algo que quisieras saber o que quieras preguntarme?»

- Para contrarrestar la información puedes darle un libro sobre sexualidad dirigido a niños que atraviesan la pubertad. Es muy importante que pueda comparar y argumentar lo que ha leído y visto, y que pueda hablar de ello.

- Piensa que en ocasiones ha dado buenos resultados crear una red de apoyo en el colegio. Allí los padres pueden compartir sus ideas, sugerencias y preocupaciones, organizando charlas, por ejemplo, con el pediatra, para que los niños reciban la misma información de otras personas, no solo de los padres, y contrarrestar así la influencia del grupo, si la hubiera.

7

«¿Que hiciste... qué?»

La sexualidad de tu hijo entre los 10 y los 12 años

> Las probabilidades de supervivencia serían francamente pequeñas si solo pudiéramos aprender de las consecuencias del ensayo y error.
>
> ALBERT BANDURA

«Fumé», «Bebí vodka con naranja», «Besé a una chica a la que no conocía de nada...». Si has pensado alguna vez, aunque solo fuera durante una fracción de segundo, que con apenas 10 años tu hijo o tu hija se plantaría un día delante de ti para decirte alguna de estas frases, la buena noticia es que se trata de algo absolutamente normal que le ocurre a la mayoría de madres y padres cuyos hijos transitan la pubertad. Algunos estudios, como «*What's feels like to be a mother*», llevado a cabo por las profesoras

Suniya S. Luthar y Lucia Ciciolla, de la Universidad de Arizona, y publicado en 2016 en *Developmental Psychology*, confirman que las madres de hijos varones viven esta etapa con gran ansiedad. Demostraron que no solo se deprimen y alcanzan altos niveles de angustia, al imaginar las cosas que pueden pasar a sus hijos al hacerse mayores, especialmente cuando estos alcanzan los 11 o 12 años, sino que dichos niveles son mucho más elevados que los que pueden experimentar luego del nacimiento o durante la adolescencia del hijo. El estudio, realizado entre 2.250 mujeres con estudios universitarios, demostró que aproximadamente cuando los hijos y las hijas empiezan a lidiar con la pubertad, en torno a los 11 años, son visibles los primeros cambios físicos y se ciernen los riesgos del alcohol, drogas y relaciones sexuales, al tiempo que acaban la escuela primaria y se preparan para ingresar en un contexto escolar más complejo en el que deberán soportar una mayor presión académica, las madres hacen suya la fragilidad y vulnerabilidad de sus hijos y tienden a sobreprotegerlos. Y todo este entramado ocurre en un momento en que el hijo o la hija acepta menos las manifestaciones de cariño de los padres o las cambia por las del grupo.

Obviamente, esta etapa de transición no solo afecta al bienestar de las madres, sino también de los padres. Pero la «separación» duele más a las primeras, ya que se trata del abandono psicológico del nido, mientras siguen organizándoles las tareas o preparándoles la mochila. Dicen Luthar y Ciciolla en el mencionado estudio: «Resulta claro que las madres experimentan un "contagio de estrés" de sus hijos como lo demuestran las evidencias biológicas. [...] Este período marca el momento de la transición a la adolescencia con cambios importantes en el desarrollo físico, hormonal y cognitivo, junto con esfuerzos cada vez mayores para separarse de los padres y desarrollar una identidad propia.»

Para tu bloc de notas...

Hay dos cosas a las que, como madre o padre en esta etapa del desarrollo de tu hijo, tendrás que resignarte. Una, no saber si sobrevivirás a su pubertad; y dos, en qué momento exacto esta empieza o acaba. De modo que lo único que te queda es amarlo con la mejor voluntad de acompañar su desarrollo lo mejor posible e intentar comprender al ser humano que tienes delante. Por un lado no ha llegado a la adolescencia, pero comparte con los adolescentes una ingente variedad de rasgos sexuales visibles y no visibles, que a veces lo llevan a comportarse como una persona que ya hace uso de su sexualidad, y a veces como alguien ingenuo que parece recién salido del cascarón. Así pues, si quieres que tu hijo en algún momento empiece a funcionar como una persona reflexiva y responsable, es importante que funciones como un verdadero cerebro externo capaz de conectarse emocional y humanamente, generando un espacio donde tu hijo sienta que es acogido, donde le permitas asomar a su persona, esto es: que lo escuchas sin negarlo y sin supuestos... Y donde puedas ver que detrás de esa persona que te pregunta, que se opone, que te da su propio punto de vista, también hay una persona autónoma, capaz de decidir por sí misma muchas cosas, porque desde el momento en que te pregunta, sea indirecta o directamente, o te explica algo, o cuando te da su punto de vista, es porque quiere hacer las cosas bien. Por eso, a veces un buen lugar de encuentro consiste en recordar con ellos tu propia pubertad y compartir algunas de esas viejas emociones que ahora tu hijo puede estar removiendo en tu interior. Especialmente porque entre los 10 y los 12 años los cambios van a toda velocidad, mucho más rápido que cuando empezó su pubertad, alrededor de los 7 u 8 años. Al padre de Rodolfo y a la madre de Josefina esta estrategia les ha funcionado.

- «Me sentía el gigante de mi clase —dice el padre de Rodolfo a su hijo de 10 años—. Era horrible, porque a principio de curso solo yo y un compañero habíamos pegado el estirón. Parecíamos los Gulliver de la clase. Por suerte, eso no duró más que un par de meses; después éramos como una manada de grandes osos.»
- «Hija, te contaré un secreto —dice la madre de Josefina, que está por cumplir 10 años—: durante toda la primaria siempre fui la primera de la fila, durante años, y no había manera de ser un poco más alta, hasta que cumplí 14 años.»

Mucho más que una cuestión de percepción

Para los hijos, todo ocurre de golpe, tan de golpe que ni ellos ni nadie puede definir en qué momento acaba la pubertad y empieza la primera adolescencia (que a menudo se alcanza alrededor de los 13 o 14 años). Sin embargo, para detectarla hay una clave infalible: se produce un importante cambio emocional que afecta al modo en que nuestros hijos se comunican, independientemente de que se considere que en las chicas el apogeo de la pubertad es, generalmente, entre los 10 y los 12 años, cuando se produce la menarquia (primera menstruación), mientras que en los chicos en torno a la aparición de las primeras poluciones nocturnas. En ambos sexos aumenta la preocupación por los órganos sexuales, no tanto en términos de relaciones sexuales como en relación con el placer sexual, el impulso sexual y las fantasías sexuales y eróticas.

En esta etapa se manifiestan grandes diferencias entre los chicos y las chicas, diferencias que comenzaron antes del nacimiento. Louann Brizendine, neurobióloga de la Universidad de California, ha insistido en que si bien el feto es «unisex», «los cambios estructurales en el cerebro empiezan a las ocho semanas de la concepción, cuando la testosterona del feto masculino fertiliza para que crezcan los centros cerebrales relacionados con el sexo, situados en el hipotálamo».[13] Al parecer, los testículos empiezan a bombear grandes cantidades de testosterona, haciendo

13. Brizendine, Louann: *El cerebro femenino*, RBA, Barcelona, 2008.

que se *inunden* los circuitos cerebrales y matando algunas células en los centros relacionados con la comunicación, lo que posibilita el crecimiento de otras en aquellos que controlan el sexo y la agresividad. Como resultado de ello, en el área cerebral que rige el impulso sexual en los niños las células se multiplican, como mínimo, por dos. Entre los 9 y los 15 años, esta inundación de testosterona en los chicos se multiplica por veinte o veinticinco, produciendo un cambio increíble. «Es como si experimentaran una sobrecarga eléctrica. Empiezan a tener fantasías con partes del cuerpo femenino y con actos sexuales. Es la época en que los chicos no quieren hablar con su madre y se encierran en su habitación para sus cosas. En las chicas, en cambio, el impulso sexual se manifiesta en la necesidad de mostrarse atractivas en su aspecto físico. Quieren ponerse guapas, utilizar maquillaje, comprar mucha ropa... Dos días antes de la ovulación es cuando las chicas tienden a mostrarse más seductoras, tratando de atraer la atención de los hombres. La madre naturaleza lo hizo así para preservar la especie.»[14]

Es por ello por lo que el grupo es importante. La fuerte tendencia a formar grupos de iguales se basa no solo en el deseo de separarse un poco de los padres, ensayar nuevos modos de ser, compartir colecciones de objetos e intercambiarlos o contar chistes sobre temas tabú o secretos (además del gusto por los rumores y cuchicheos que orbitan alrededor de la sexualidad), sino también en compartir muchas preferencias innatas, propias de chicas y de

14. Entrevista a Louann Brizendine: <http://www.muyinteresante.es/historico/articulo/louann-brizendine>.

chicos. Melissa Hines, de la Universidad de Londres, y Gerianne M. Alexander, de la Universidad de Texas, lo han demostrado al estudiar una especie de monos de comportamiento similar al de los humanos. Mediante este estudio se comprobó que los machos pasaban más tiempo jugando con camiones de juguete, mientras que las monas pasaban más tiempo con muñecas, y ambos con juguetes «neutros» como fotos y libros. Así pues, debido a que es muy poco probable que los monos estén sometidos a distintos tipos de presión social propios de la cultura humana, las científicas concluyeron que los machos, como los humanos, prefieren el juego duro, más relacionado con la caza y la conquista, y que eligen a las hembras de acuerdo con las habilidades que les servirían para cuidar de las crías. Esta es una de las razones por las que el apego al grupo durante la pubertad les permite sentirse cómodos con sus iguales. En esta etapa los chicos, que tienen menos apoyo emocional que las chicas, empiezan a manifestar tics o actitudes propias de una época de tensión, como moverse mientras hablan o tartamudear, y es probable que también aparezcan las primeras muestras de somatización, como dolor de estómago ante situaciones sociales en las que tengan que exponerse, así como los primeros miedos de carácter sexual, junto con una marcada inestabilidad emocional. Las chicas es probable que empiecen a morderse las uñas o a tocarse el pelo cuando la tensión las sobrepasa.

Empieza el juego: las chicas a la seducción y los chicos a... «dejar de ser pequeños»

Marlene, 12 años. Sale para la escuela después de que su madre se ha ido a trabajar, así que en pocos minutos aprovecha para pintarse, ponerse medias gruesas, botas y falda corta. Le gusta un chico dos años mayor que ella que va a segundo de secundaria, al que a veces ve en el patio. Quedaron en encontrarse «un día de estos», cuando ella salga de la clase de gimnasia. Sus amigas le dicen que seguramente él le pedirá que sea su novia, pero ella no está muy segura de que él se lo proponga.

Si bien en esta etapa las chicas están entre la niña que fueron y la adolescente que serán, algunas se arriesgan a comportarse como mayores tal como ven en las series de televisión, de acuerdo con las modas de los vídeos de sus ídolos favoritos o de los grupos con que interactúan. Aparentan comportarse como chicas seguras, más seductoras, más abiertas, expresivas y agresivas si se quiere, marcando diferencia con los chicos de su edad, sin ser conscientes a menudo de que con esta actitud a veces corren riesgos. Es como «jugar al amor» pero sin enamorarse, un «a ver qué pasa si...». Algunas chicas, en su afán de parecer mayores de lo que son, se expresan como «señoritas», aceptando no solo normas, sino desafíos propios de la adolescencia, como probar el primer cigarrillo, y a veces enmarcan su sexualidad en contextos en los que no siempre saben cómo manejarse.

Por su parte, los chicos —si bien, al igual que las chicas, no son niños ni adolescentes—; de hecho, parecen ser ambas cosas a la vez. Aunque en ocasiones, para mostrar que son mayores, en lugar de seducir (como ensayan ellas), se muestren más agresivos, se relacionan casi exclusivamente con otros chicos para evitar a las chicas, porque muchas veces no saben cómo comportarse, y en casos extremos incluso se pueden mostrar burlones. Durante un tiempo caen en una masculinidad exacerbada, estereotipada, cuando no un poco sádica en el uso del lenguaje, que puede ser más obsceno a la hora de describir a las chicas o referirse a ellas. Esas conductas a menudo constituyen la coraza del «no saber qué hacer», lo cual genera en ellos una gran tensión que canalizan de muchas formas: practicando deporte, peleándose con amigos o, también, buscando en la intimidad el autoerotismo.

Las primeras fantasías de amor

En esta etapa existe una relación importante entre los secretos que se comparten con el grupo, el conocimiento de la propia sexualidad y las primeras fantasías de amor. De hecho, aunque tu hija todavía no está lista para tener un novio, es probable que se sienta atraída hacia algún chico o que ya fantasee secretamente con alguna relación amorosa. Esta es la razón de que no quieran hablar de nada que tenga que ver con relaciones sexuales. Lo mismo quizás esté ocurriéndole a tu hijo. Aquí el mejor papel que pueden desempeñar los padres es demostrarles que a esa edad sentirse enamorado es lógico y normal, sin dejar de explicarles que el impulso romántico no es amor, sino más bien un estado pasajero, una especie de hechizo que se va como viene. Los hechizos tienen cierta duración, y esto es el impulso romántico, así que hay que disfrutar de ese estado de felicidad, lo que no implica arrojarse a los brazos del otro. De hecho, es muy importante que las madres y los padres adviertan a sus hijas que no se arrojen rápidamente en brazos del chico al que consideran ideal, ya que al abrazar y acariciar se libera oxitocina en el cerebro durante veinte segundos, especialmente en las chicas, activando en estas la tendencia a confiar ciegamente en el chico entre cuyos brazos se encuentran, lo cual a su vez puede llevar a demostraciones que impliquen relaciones sexuales de algún tipo sin que exista amor.

A veces un toque de humor sirve para crear un mejor clima de confianza, por ejemplo, contándoles algo divertido, como hizo la madre de Marcela, de 10 años, cuando esta le confesó que desde hacía más de un año amaba perdidamente a un compañero del colegio. «A tu edad, yo también me enamoré perdidamente de un compañero de colegio que ni me miraba. El romance duró en mi mente alrededor de tres años. Fue un hechizo verdaderamente largo. Pero después comprendí que había durado tanto debido a él. Ocurrió que él se cambió de colegio e iba a hacer deporte cerca de mi casa, así que yo me quedaba horas junto a la ventana para verlo pasar. Creía sentir un amor intenso. Lo cierto es que solo lo vi en dos ocasiones y de lejos, con tan mala suerte que ninguna de esas veces tenía puestas las gafas, así que como buena miope ni siquiera sé si era él a quien vi.»

Estas fantasías de amor a menudo aparecen mezcladas con lo que a esta edad se considera temas prohibidos. Por ello no es de extrañar que, con solo escuchar la palabra «sexo» las niñas se muestren nerviosas, escandalizadas o digan delante de sus padres que el tema les da asco. Sentimiento que se exacerba cuanto más perciben sus propios impulsos y la atracción al tiempo que descubren sensaciones desconocidas.

Por su parte, los niños, más que las niñas, es posible que conozcan a un chico de su edad o mayor que ya haya tenido experiencias sexuales o que se comporte como si tuviera muchos más años que los que tiene, y que lo vivan con miedo a ser inferiores, o bien a tener que ser ellos los protagonistas de las situaciones de las que ahora solo oyen hablar y que consideran interesantes.

Debido a todo ello, es muy importante que en esta etapa los padres no entren en el juego del silencio o el disimulo «para no invadir». Por el contrario, lo mejor que puedes hacer es ponerte al lado de tu hijo o tu hija por si hay que amortiguar el impacto de alguna desilusión, o por si urge dar, como de pasada, algún ejemplo de algo que has leído, o inventarte aquello que «le ocurrió al hijo de una amiga», para saber qué opina del tema que, intuyes, más le preocupa. Otra posibilidad es dejar un buen libro sobre sexualidad para adolescentes en un sitio visible. Porque lo que debes tener muy presente, aun en circunstancias complicadas, es que la pubertad pasará... y las semillas que ahora siembres empezarán a brotar pronto, muy pronto, en la primera adolescencia.

Temas con amigos que les resultan prohibidos para padres

Roberto, 10 años. Está hablando por el teléfono de la cocina con su mejor amigo, en voz muy baja, sobre algo que le mostrará al grupo del fútbol un estudiante de un curso superior. El padre, que está preparando una ensalada para ambos, simula no oír de qué está hablando. Es de un preservativo. Hay cuchicheos, risas disimuladas. Roberto se tapa la boca para hablar, como si el sonido no se filtrara por entre los delgados dedos de su mano.

Esta es una época en que, probablemente, a tu hijo le guste más hablar con sus amigos sobre qué pasa si se rompe el preservativo, o cómo se coloca, más que participar de una fiesta familiar. Es una época donde la complicidad y el descubrimiento del mundo que les espera fuera de casa van de la mano. Por ahora, no le importará saber cuál es el mejor preservativo, algo que sí le interesará tal vez en la etapa siguiente. También habrá muchos datos falsos y equivocados que obtendrá de sus amigos, y que repetirá como grandes verdades, sin tener otra información que lo que haya entendido de pasada. Es probable que tengas que prepararte para preguntas como, por ejemplo, si el sida se contagia por la picadura de un mosquito, o buscar con tu hija un sostén que se adecue a su edad, o responderle a su peor preocupación, que será si es normal tener un pecho más grande que otro. Entre ella y ellos, también son temas recurrentes aquellos que muchos no se atreven a hablar con sus padres, de modo que intentan conseguir información de cualquier lugar, como si es doloroso perder la virginidad o cuál debe ser el tamaño del pene, cómo es un orgasmo, qué posturas dan más placer o cuáles son los métodos anticonceptivos más utilizados. Ahora bien, el hecho de que no lo hablen porque crean que son temas prohibidos para los padres, no os exime de dar información adecuada, pues son temas a los que tendrán acceso en todas las revistas para jóvenes que lleguen a sus manos. De modo que lo primero es, como siempre, escuchar, a ver qué saben. Tal vez descubras rápidamente que es tiempo de conversar sobre aspectos «más avanzados», porque los hijos se refieren a aspectos de las relaciones sexuales, métodos anticonceptivos, embarazo adolescente... Así que no caigas en la creencia errónea de que si hablas directamente estos temas estarás empujándole a que pruebe antes de tiempo. Todas las investigaciones concuerdan en que en la pubertad tanto los chicos como las chicas tienen *esas ideas* antes de compartirlas contigo, antes de buscar información entre sus amigos, y antes de que tú les des las mejores respuestas que una madre o un padre pueda dar. Así que lo mejor ahora es conversar.

Para tu bloc de notas...

Si en la pubertad los niños mantienen una comunicación abierta y franca sobre la sexualidad, las investigaciones demuestran que tienen más probabilidades de mantener su primera relación sexual más tarde. Por el contrario, en las familias donde la educación es más rígida y hay menos fluidez en la comunicación sobre sexualidad, existen más probabilidades de que las niñas tengan embarazos indeseados en la adolescencia.

Los primeros *aminovios* y *aminovias*

Candela, 11 años. Está coloreando un corazón en el que se leen su nombre y el del chico que le gusta, en la última hoja del libro de matemáticas. Sus padres la ven y no dicen nada. Es su espacio, es su momento, son sus sensaciones. Lo único que los ocupa es cómo enseñarle a la niña a no quemar etapas, a esperar antes de dejarse llevar por la curiosidad de «cómo será si lo tuviera cerca». Dentro del estuche de colores hay perfectamente doblado el papel de un chocolate que también lleva escrito su nombre.

Algunas madres y también algunos padres en ocasiones subestiman estos momentos de «amor» de sus hijos. Los miran con ternura cuando empiezan a aparecer corazones y nombres garabateados por todas partes, en cuadernos y en folios pintados con flores, nubes y estrellitas... También es probable que haga y reciba más llamadas telefónicas que de costumbre, o salga antes de casa porque el chico o la chica en cuestión lo pasan a buscar a primera hora para ir juntos a clase. O que de repente veas que sale corriendo de tu casa para pararse en una esquina como si no pasara nada más que tener el corazón en la boca, solo para ver pasar a su «amado/a» a la salida del gimnasio o de la clase de dibujo. O que ahora se preocupe más que antes por su aspecto y hasta se duche todos los días. Y también puede ocurrir que empiece a mostrar un franco interés por aspectos cercanos a la sexualidad, lo que a menudo alarma a los padres, que no se esperan tal cambio a estas edades. De no hablar nada pasa a preguntarlo todo... Así que nada de perder la oportunidad de escuchar qué es para ellos la amistad, por qué el amor es también una experiencia de placer corporal, y cuándo es el mejor momento de que el cuerpo participe de esa experiencia. Evidentemente, en esta etapa, el grado en que el cuerpo se implica en la expresión de la atracción es mínimo, y está bien que así sea. Un tema que los padres casi nunca hablan en este tránsito con los hijos es cómo establecer relaciones cariñosas, sin que ello implique experiencias que deberán dejar para más adelante, para cuando sean mayores y sepan tomar mejores decisiones, decidir bien.

Así que, por ahora, lo mejor es difuminar un poco la versión romántica, haciendo hincapié en que no está mal que se sientan cómodos con un amigo o una amiga, pero también necesitan entender que la comodidad no implica aún manifestar sentimientos. Esta es, por lo tanto, una etapa ideal para hablar de cómo enfocar sus relaciones sociales o la atracción.

¿Cómo? Resulta significativo que algunos padres hayan contado las quejas comunes de sus hijos y, sin embargo, no hayan acertado en cómo avanzar en la conversación para que el mensaje sea realmente efectivo y significativo. El padre de Tati, por ejemplo, cuenta que su hija está obsesionada con saber si ella es normal, porque todas sus amigas hablan constantemente de los chicos que les gustan. Dice Tatiana: «Pero a mí no me interesan. Al final tendré que encontrar un *aminovio* porque todas las de mi clase ya tienen.» En lugar de entrar en su argumento o querer instruir, en la pubertad lo mejor es hacer las preguntas de arranque, como «¿Qué significa *aminovios* entre tus amigos?», o «¿Por qué crees que hay personas que se burlan cuando te llama alguna amiga pensando siempre que tiene que haber algo más?». Otras preguntas de arranque son: «¿Cuántos de tus amigos dicen ser sexualmente activos? ¿Conoces a alguien que haya visto porno? ¿En casa de quién lo ven? ¿Qué opinas de eso?» Obviamente, esta es la etapa en que los padres necesitarán aceptar que las opiniones del hijo o la hija pueden ser diferentes de las suyas. Es también muy probable que no te guste que piense más como sus amigos que como le has enseñado, pero no es algo que le puedas prohibir. Tal vez la mejor, única opción, sea influir positivamente. Una prohibición muy estricta lo pondrá cada vez más cerca de la influencia de los amigos. Una actitud muy relajada también hará que se deje llevar por quien les dé algo demostrando cierta autoridad. De modo que, como primer paso, lo más equilibrado es aceptar sus ideas. En cualquier caso, aquí tienes una veintena de mensajes + 1, que no puedes dejar de transmitir a tus hijas e hijos durante esta larga etapa.

1. Los seres humanos tienen sexo por placer y a su edad todo es impulso. Explica a tu hija que hay una hormona llamada oxitocina que ahora trabaja de un modo increíble en su cuerpo, más que en los chicos. A causa de ella sentirá más placer cuanto

más la mire, toque o abrace el chico que le gusta, y por eso tendrá menos oportunidades de pensar y tomar buenas decisiones.

2. Explícale que existen muchas probabilidades de que algún niño trate de conseguir placer tocándola, y que si es un chico mayor seguramente le dirá que le gusta o está enamorado de ella. En cualquier caso, tu hija debe decir «no».

3. Di a tu hija que intente que antes de que lleguen los abrazos el chico que le gusta se haya ganado su confianza.

4. Lo que más le importa en esta etapa a tu hijo o a tu hija es poder relacionarse con las personas que le interesan de su edad y que lo acepten. Así que, en lugar de emplear el ineficaz «No lo hagas», porque no le ayuda a madurar ni a tomar decisiones responsables y levanta «murallas» en la comunicación, dile que estás muy seguro o segura de que será capaz de tomar las decisiones correctas para su vida.

5. Expresa los valores y convicciones de la familia. Es probable que tu hijo no quiera escucharte, pero explícale que son importantes para todos, especialmente los que se refieren al autocuidado. Porque lo grave no es cometer errores, sino creer que no es importante tomar decisiones maduras sobre el sexo.

6. Proporciónale la descripción de los hechos sobre los que creas que necesita hablar, pero sin personalizar, objetivamente, y que reflexione, sin tratar de convencerle de que tus valores son los únicos.

Ahora bien, cada vez que hable de su desarrollo y las relaciones sexuales, del placer, del embarazo o de enfermedades de transmisión sexual, es imprescindible que también sepa lo que piensas sobre el tema.

7. Déjale claro que los impulsos sexuales son normales. Para tu hijo o tu hija es algo totalmente nuevo. Explícale que no tiene nada de raro que durante la pubertad se tengan fantasías de carácter sexual, a fin de que no se sienta culpable o avergonzado. En esta etapa los niños vuelven a masturbarse (si es que habían dejado de hacerlo) y muchas veces se cuestionan si es malo, y se obsesionan con ello. Lo importante es que le expliques que en la pubertad los cambios hormonales pueden causar sensaciones sexuales muy intensas. En este punto es fundamental que como padre le des a tu hijo tu opinión sobre la masturbación, tanto si crees que es un modo natural de aliviar la tensión sexual, como si consideras que no es lo mejor para él, pero si se lo haces saber, que sea sin culpabilizarlo ni avergonzarlo.

8. Enséñale a decodificar mensajes en los que se pone el acento en estereotipos sobre cómo se debe comportar una chica o un chico para ser más popular. Porque si buscan popularidad por este medio, deben saber que los papeles masculinos son tan limitados como los femeninos, aunque desde los medios se los muestre como más poderosos, exitosos, seguros de sí o inteligentes, ya que al mismo tiempo se los muestra como carentes de sensibilidad, lo que impide que los chicos tengan un desarro-

llo socioemocional saludable. Explícale que no tiene por qué aceptar pasivamente estos papeles. Y que las chicas no son como las muestran en los medios, pasivas y obligadas a agradar todo el tiempo.

9. Explícale que una relación sexual es una expresión de amor, deseo, ternura, una manera de estar conectados, y que la gente decide tener relaciones sexuales por muchas razones. La más importante es la intimidad y el placer cuando son adultos. No dejes de poner el énfasis en términos como «compromiso», «pareja», etc., ni de explicar que las relaciones sexuales son la consecuencia de una relación responsable y madura.

10. Insiste en que quien está bien informado en la pubertad, sea chico o chica, no caerá en los errores de quienes, por no estarlo, tienen ciertas conductas sin estar preparados y acaban metidos en problemas muy serios, como desilusión, contagios, sufrimiento por violencia, embarazos no deseados... Explícale que tanto tú como él o ella sabéis que hoy los jóvenes son permanentemente empujados a tener experiencias tempranas.

11. Si el mensaje que quieres dar a tu hijo o hija es que disfrute de su sexualidad cuando llegue el momento en que pueda decidir con madurez, entonces explícale que de lo que le hablas no es del modelo de amante de las películas, sino de personas que saben del amor, del respeto, del honor, de la madurez, de la responsabilidad, de la honestidad, del compromiso, de la intimidad, de la alegría y el placer.

12. Puedes explicarle que las primeras decisiones sexuales nunca son fáciles. Enséñale a poner fin a una situación, sobre todo porque existe una gran presión mediática y social para que experimente cuanto antes. Obviamente, nadie te garantizará que tu hijo no tenga su primera experiencia sexual cuando llegue a la adolescencia, pero ahora, en esta etapa, debe saber desactivar interiormente aquellos mensajes que lo presionan para que se comporte como si fuera mayor de lo que es.

13. Te cuente tu hijo o hija lo que te cuente, emplea un tono de voz que le permita percibir cariño y comprensión, en lugar de desesperación. El objetivo es no convertir la conducta sexual de tu hijo en un motivo de conflicto familiar. A cambio, proponle alternativas para solucionar lo que considera un problema y ofrécele tu ayuda incondicional.

14. Demuéstrale con ejemplos que para evitar enfermedades de transmisión sexual la protección emocional es tan importante como la protección física, pues contribuye a que cada día sea un poco más consciente de que los actos impulsivos tienen consecuencias a corto, medio y largo plazo.

15. Conversa sobre las modas de las que su grupo se hace eco. Por ejemplo, que hay quienes se creen superiores porque dicen tener más experiencia sexual, pero que una mayor actividad sexual no sirve si solo se busca hacer ver a los demás que se tiene una vida sexualmente activa. Aprovecha para explicarle que ser listo no es ir de «guay» en el grupo de amigos, sino informarse bien antes de

hacer algo por primera vez, por más que «todos los amigos o amigas lo hagan».

16. Ínstalo a que comparta sus emociones o sus dudas sobre su sexualidad aunque por el momento no vaya a tener una experiencia sexual. En esta etapa es más importante el autoconocimiento.

17. Compromételo a que entienda la importancia del preservativo. Enséñale a que no se preocupe por lo que piensen los demás, sino por tener una actitud responsable.

18. Ayúdale a comprender que una vida sexual satisfactoria no tiene nada que ver con alcanzar un ideal o tener numerosas experiencias, como se les «vende» desde los medios de comunicación, sino con lo que a él o ella le haga sentir bien. Las experiencias sexuales son un aprendizaje permanente que requiere cierto esfuerzo, pues se trata de algo que sirve para conocerse uno mismo, porque no se trata solo del modo en que se viven las experiencias, sino de cómo se viven las fantasías. Explícale que estas no tienen por qué llevarse a la práctica, ya que no son más que una forma de estímulo.

19. Habla sobre las mentiras de las películas y revistas pornográficas, cuyo único objeto es provocar excitación. Explícale que en ellas no se transmiten valores, ni respeto por la otra persona, no se enseña a decir no, no hay romanticismo ni ternura... sino que presentan una sexualidad que se centra en la genitalidad.

20. Refuerza la idea de que la sexualidad de tu hijo

pertenece a su mundo privado, que la moda de contarlo todo en las redes sociales puede volverse contra él en el futuro.

21. Asume que siempre habrá un punto de «no saber» sobre la sexualidad de tus hijos, que no puede ser de otra forma, y que es ahí donde resulta clave respetar el derecho a la intimidad.

Acerca del acoso sexual

Silvia, 12 años. «Un amigo de mi hermano que tiene 15 años siempre me anda tocando y pidiéndome que le bese. Aparenta ser como los otros, pero cuando está cerca me toca. Dice que no se da cuenta, pero cada vez que me ve lo hace más. Mi madre me ha dicho que lo empuje o algo así, pero él es el doble de fuerte que yo.»

El acoso sexual es una forma de violencia. Explícale tanto a tu hijo como a tu hija que es un modo de agresión a la intimidad, que puede estar disfrazada de enamoramiento o deseo, pero que se identifica como acoso porque incluye comentarios, gestos, bromas inapropiadas o actos de carácter sexual. Su objetivo es desestabilizar, hacer daño, ofender o atacar la intimidad para que la acosada o el acosado pierda las fuerzas. El acoso sexual se puede referir al aspecto de un chico o una chica, a partes de su cuerpo o de su orientación sexual, real o no, incluyendo la difusión de rumores delante de otros, por escrito, teléfono o mensajes, así como cotilleos de carácter sexual.

Mostrar vídeos. Montar vídeos de carácter sexual y distribuirlos por chat o redes sociales. También tocar, pellizcar, manosear, tirar de su ropa para que se vea su desnudez, incluso si parece que lo hace sin querer. En general, hay más víctimas entre las chicas que entre los chicos, pero en ambos casos es igual de grave. A menudo, el acoso sexual en la pubertad y la adolescencia es llevado a cabo por personas de edad similar a la víctima, pero en ocasiones también por personas mayores. Explícale a tu hija o hijo, mediante un ejemplo, cuál es el límite, y si alguien le acosa sexualmente, enséñale que:

a) No se muestre agradable y simpático, sino frío, y que si es necesario levante el tono de voz.

b) Llegado el caso grite «¡Basta ya!» o una frase similar.

c) Si lo cree conveniente, apele a su sentido común: «Confío en que de ahora en adelante sabrás comportarte», pero que igualmente huya.

d) Es posible que el acosador continúe, se ría de su exigencia, se burle o le moleste todavía más. Por eso es tan importante que comparta lo que le ocurre con un adulto de confianza.

e) No permita que le toque ni que hable de partes de su cuerpo. Si lo hizo y hay testigos, servirá para denunciarle, primero ante los padres o ante un adulto en quien confíe.

f) Si, por el contrario, es testigo de una situación de acoso sexual, no hable con el acosador, sino con un adulto de confianza. Si en el momento no puede decir nada, que pida a sus padres que lo hagan, porque eso no es chivarse.

Hasta hace unas décadas, la idea —ampliamente aceptada— de la mujer como un objeto permitía que se hicieran chistes sobre su cuerpo, comentarios intimidatorios, contactos físicos no deseados, incluso dirigidos a adolescentes. Sin embargo, hoy en día los padres deben dejar claro, desde edades tempranas, que el acoso sexual no es una expresión de afecto, sino un acto de violencia que se percibe como tal, de agresión, que genera malestar, donde se obliga a una persona, hombre o mujer, a hacer o soportar algo que no desea. A veces puede darse en las aulas, no en el vecindario, y también puede ser obra de algún conocido que la familia recibe en casa como amigo, o incluso un familiar, o un adulto del colegio o instituto. Como cualquier tipo de violencia, el acoso sexual no tiene una única forma de manifestarse, y pueden ser todas las descritas o unas pocas, o solo una, o cualquier otra que le haga sentir intimidada y mal.

Tanto tu hijo como tu hija deben saber que quien se atreve a hacer algo así es consciente de que se halla en una posición de poder, aunque solo sea poder físico. Estas personas se valen de esta circunstancia para aprovecharse del temor y la inseguridad que despiertan en el acosado. En ocasiones, lo que sigue al acoso es el abuso o la violación sexual (debes explicarle esto a tu hijo o hija de un modo tal que pueda entenderlo sin asustarse), que es cuando una persona es forzada a tener contacto sexual contra su voluntad. Igual que en el acoso, la motivación principal del asalto sexual es obtener poder y control sobre la otra persona.

Enseña a tus hijos a no andar solos por sitios que no conocen, ya que las investigaciones sostienen que los agresores sexuales buscan la oscuridad de la noche para no ser sorprendidos, así como la soledad de las calles y plazas. Los padres han de saber que una víctima de acoso o abuso sexual presenta los siguientes síntomas:

- Marcas en el cuerpo (no siempre)
- Ansiedad
- Llanto excesivo
- Aislamiento
- Sentimiento de pérdida de control en la vida
- Sensación de miedo de experimentar mentalmente de nuevo el asalto
- Dificultad de concentración
- Pesadillas
- Sentimientos de culpa
- Percepción negativa de sí mismo
- Tristeza o depresión
- Miedo e inseguridad

Para tu bloc de notas...

Diversas investigaciones recientes constatan un incremento del acoso sexual en las escuelas. Muchas veces sin tocar, con miradas provocadoras y lascivas, y frases intimidatorias de alto contenido sexual, incluso en las redes sociales, aunque los niños o niñas acosados no tengan cuentas propias, con mensajes del tipo: «La hermana de fulanito tiene unas...» El acoso sexual físico, si bien es menor, se produce con mayor frecuencia entre los 12 y los 17 años, siendo las chicas las más perjudicadas, aunque a menudo lo viven como un juego.

El gran peligro: padres ausentes

La pubertad es una etapa maravillosa, o puede que terrible para tu hijo. Esto último suele ocurrir cuando niños y niñas viven en ambientes emocionalmente empobrecidos, ambientes de abandono afectivo o psicológico, algo que no está determinado por la clase social ni por el nivel intelectual de los padres, sino por la indiferencia de estos. Una indiferencia que suele ocultarse tras frases como «Esta generación lo sabe todo», o tras preguntas maquinales para cumplir con un rol preestablecido, como «¿Qué tal todo hoy en el colegio?», pero con padres que ni escuchan la respuesta porque al instante tiene más interés en una llamada de teléfono, la pantalla de un ordenador, del móvil o el televisor, o el recuerdo de alguna tarea urgente. Nadie dice que se trate de desinterés, porque a veces estos mismos padres funcionan como satélites que llevan a sus hijos a una o dos actividades extraescolares cada día, o se esfuerzan en querer comprender cómo funciona la mentalidad de los adolescentes. Y es por eso por lo que el abandono puede revertirse. Solo hay que escucharlos y acompañarlos más, para que la de padre o la de madre no sean meras funciones que alguien anónimo (o no tanto) ejerce desde su móvil. Alguien a quien escuchan a diario porque admiran, y que con monólogos frente a una cámara los convencen de una lógica que a su edad se convierte en grandes verdades. Ciertamente, cuando oigo que un padre o una madre dice: «No puedo hacer nada, ya es mayor», pienso que esta es una etapa perfecta para conversar con ellos sobre cómo se imaginan en el futuro, por qué normas debería regirse un grupo de amigos, cómo les gustaría que fuese su escuela, cuáles son las normas que en su opinión tendría que haber en una familia cuyos miembros confían los unos en los otros... ¿El objetivo? Comprender su lógica, a fin de que sientan que es importante para los padres y para la familia en cuyo seno viven sus hijos, y que sus ideas cuentan. Algunos chicos y chicas de estas edades tienen una pared o un folio en la cara interna de la puerta del armario, donde pueden escribir desde cómo es su presente hasta qué cambiarían, o qué desean, sencillamente porque la pubertad es una época en la que necesitan constantemente reconocer qué lugar ocupan en la sociedad, en el grupo y en la familia.

8

«Tengo que contártelo...»

La sexualidad de los hijos en la adolescencia temprana, entre los 13 y los 15 años

> Entrar en el mundo de los adultos —deseado y temido— significa para el adolescente la pérdida definitiva de su condición de niño. Es un momento crucial en la vida del hombre y constituye la etapa decisiva del proceso de desprendimiento que comenzó con el nacimiento.
>
> ARMINDA ABERASTURY [15]

Si bien los padres pueden entender la adolescencia temprana como un ir y venir de actitudes viejas y nuevas, una etapa en que los hijos dan dos pasos adelante y uno —o tres— atrás para impulsarse nuevamente, lo que pocas

15. Aberastury, Arminda y Mauricio Knobel, *La Adolescencia normal. Un enfoque psicoanalítico*, Paidós, Buenos Aires, 1971.

veces entienden es que en este período también descubren el sexo. Si bien es obvio que no es el momento más oportuno para ello, ocurre. Y todo ello acompañado de que, además, los cambios emocionales que experimentan pocas veces se viven en el entorno familiar apaciguadamente. En la adolescencia temprana las emociones se expresan de un modo exagerado y muy evidente; incluso su silencio, cuando no quieren hablar con nadie, resulta audible, y ni que decir tiene si se trata de timidez, rebeldía, sensibilidad u oposición... De ahí que esta sea una época en que los padres necesitan volver a ajustar la comunicación sobre sexualidad, pensar en el cómo antes que en el qué.

Esto es así, fundamentalmente, porque los cambios hormonales que se producen en la pubertad seguirán afectando durante un tiempo a los estados emocionales de los hijos, lo cual, lógicamente, repercute en los padres. A mayor expresión de la sexualidad y deseo de autonomía de parte de los hijos, mayor es el control que ejercen los adultos. ¿La consecuencia inmediata? Que los hijos buscan desvincularse de sus padres mediante una aguzada actitud crítica, apelando a los enfrentamientos y la desautorización de los padres.

A los padres, por su parte, les beneficiará saber que esta desvinculación es necesaria y que en ningún caso está reñida con los límites que los hijos requieren. No obstante, sí que hay que cambiar el modo de enfocar la manera de transmitir los mensajes. Solo se trata de reajustarse acorde con las nuevas necesidades de los hijos, porque al bajar el estrés de los padres, los aprendizajes se potencian mejor. Y no hay que olvidar que ninguna adolescencia temprana es igual a otra. Obviamente, lo mismo ocurre con la niñez y la vejez, pero la adolescencia es en sí misma, por un cúmulo de factores, un tránsito sumamente especial. Por fortuna, se trata de un período que suele durar poco, aunque la mayoría de los chicos y chicas se comporten como cuando tenían 2 años, con el «no» en la boca todo el tiempo, en especial para dirigirse a los padres. Algunos se muestran tan rebeldes e inaccesibles que solo se piensa de ellos «que son muy difíciles de controlar», pero esta es la visión contraproducente, ya que en realidad se trata de una época maravillosa, con grandes posibilidades positivas a las que habrá que volver una y otra vez.

En esta etapa, por ejemplo, los chicos se distancian de los padres más que las chicas, transitándola con mayor soledad. Ellos no tienen espacios donde canalizar sus miedos y angustias, y tampoco cuentan con referentes para saber cómo compartir sus emociones y la angustia, porque si lo hacen, el miedo a ser considerados débiles en su círculo de amigos los supera. A esto hay que sumar que los cambios cerebrales por acción de la testosterona los vuelven menos comunicativos, más impulsivos, competitivos y con el foco puesto en cómo ser uno de los dos protagonistas en el asiento trasero del coche. Por su parte, las chicas no solo están comparativamente más acompañadas por el grupo, sino que también acceden a voces femeninas diversas, desde la ginecóloga hasta la madre, con quien a menudo tienen una buena comunicación, por no mencionar que en cualquier lado acaban por encontrar una amiga a quien soltarle: «Tengo que contártelo.» Esto se debe a que los estrógenos inundan el cerebro femenino y las chicas se focalizan esencialmente en dos aspectos: sus emociones y la comunicación. Además, su cerebro tiene más neuronas dedicadas a las funciones auditivas y de lenguaje, lo que facilita la expresión de las emociones, y más conexiones en el cuerpo calloso entre los hemisferios izquierdo y derecho, entre el pensamiento lógico racional y el pensamiento creativo emocional. Esto significa que algunos cambios cerebrales juegan a su favor.

Ahora bien, por difícil o responsable que parezca tu hijo o hija, la educación en relación con su sexualidad durante la adolescencia no se agota en la explicación de la prevención del embarazo o de cómo y por qué se deben usar preservativos. Creer que se trata únicamente de esto es un gran error. Basta con ver lo tarde que llegan las escuelas con la famosa «educación sexual». No solo porque ponen el acento en los dos o tres temas de siempre, sino porque hay una escasa transmisión de estrategias que los adolescentes puedan adaptar a su realidad y que les sirvan, primero, para entenderse y, luego, para saber cómo desenvolverse ante lo nuevo. Por lo demás, la mayoría de los adolescentes perciben que en la escuela se les da una visión muy negativa de la sexualidad, que por excelentes que sean los informadores no los entienden, ni a ellos ni a sus códigos.

Naturalmente, los padres pueden aportar más información, no caer en la misma clase de discurso estrecho y aportarles lo que necesitan a partir de una visión más amplia. Para ello deben saber qué pasa en el interior de sus hijos durante la adolescencia temprana. Por ejemplo, los varones experimentan un aumento increíble de testosterona, como hemos visto, y sus circuitos cerebrales de interés e impulso sexual les hacen tener no solo tremendas fantasías, sino que cualquier curva femenina que se ponga delante de sus ojos o en su imaginación le hace abandonar rápidamente el grupo y sus «grandes amigos» para ir en busca de la chica en cuestión. El papel de los padres es muy importante mientras esta explosión tiene lugar, para funcionar igual que un disco duro externo, en este caso un cerebro externo reflexivo, más que como una madre o un padre controlador. La corteza prefrontal, estructura fundamental en muchos procesos cognitivos y que experimenta un importante desarrollo a partir de la pubertad, aún no ha culminado el mismo, y no lo hará hasta los primeros años de la adultez temprana, alrededor de los 21 años. La corteza prefrontal es el soporte de la función ejecutiva y la autorregulación de la conducta. Y la misma función parental es la que necesitarán para comunicarse con las hijas, que, debido a los estrógenos, empiezan a mostrar un gran deseo de seducir y gustar.

Pero hay otras razones de peso.

Probablemente la más importante es que acceden a una increíble cantidad de rutas informativas a través de las redes sociales. Y por ahí les llega no solo más información sexual, sino también más modas, más presiones y más demandas.

La gran cantidad de rutas de información no implica, sin embargo, que estén bien informados, al contrario. Esta es probablemente la mayor causa de la desinformación sobre sexualidad de los adolescentes, al menos la más preocupante. Sin querer ser apocalípticos, lo que ha logrado el sobreexceso de información sexual es que se esté llegando a límites preocupantes de «ignorancia sexual». Y esto es así porque lo que les llega responde a imágenes estereotipadas, información fragmentada y en la mayoría de los casos diseñada por el *marketing*, es decir, poco fidedigna.

En segundo lugar, porque es ahora cuando ellos ponen en práctica cuanto les has enseñado, y no solo reciben la influencia del grupo, sino de otros informadores a los que siguen por moda. Ellos necesitan rápidamente respuestas y seguir a los monologuistas que encuentran en las redes es mejor que esperar a obtenerlas de los padres, salvo que de alguna forma estos les proporcionen anticipadamente la información que necesitan. Por ejemplo, que aprendan a decir «no» ante algún argumento que les asegure que si consumen algún tipo de estimulante podrán desinhibirse ante la persona que quieren seducir, especialmente si es la primera vez que se lanzan a la conquista.

Para tu bloc de notas...

El hecho de que tu hijo o hija no quiera hablar de sexualidad no significa que no necesite hacerlo. Tal como demuestran los estudios de Jay Giedd, profesor del Departamento de Psiquiatría de la Universidad de San Diego, California, el cerebro madura alrededor de los 25 años, lo que implica que —entre otras funciones— el control de los impulsos aún no está funcionando al máximo durante la adolescencia. En las chicas parece que madura antes, aunque todavía no está del todo comprobado. Tampoco significa que tu hija o tu hijo no haya tenido ya una experiencia sexual de algún tipo, o que comparta con su generación los principios de una pedagogía sexual común donde lo que los mueve no siempre es la búsqueda de placer, sino las modas o el grupo y el placer por el riesgo.

Ahora bien, aunque tu hijo o hija sea una persona altamente responsable, lo cierto es que vivimos en un mundo donde hay una mayor aceptación y tolerancia hacia las experiencias sexuales precoces, y una mayor disponibilidad y propaganda de mercadotecnia para que los adolescentes quemen etapas antes de tiempo. Y son receptores pasivos de cientos de artículos breves de apariencia informativa sobre cómo manejar su sexualidad, provenientes del entorno *online*, páginas que consultan a veces a diario, donde aprenden cómo ser «mejores» sexualmente, cómo sentir más o dar más placer, cómo gozar más en menos tiempo... Esta facilidad para acceder a temas sexuales tampoco es garantía de que los jóvenes sean felices con su sexualidad en esta etapa de su desarrollo, sintiéndose a gusto con su cuerpo, con sus emociones o sus relaciones. Este es otro aspecto que los padres no siempre tienen en cuenta. Como tampoco que los chicos que pasan mucho tiempo pendientes de las redes sociales, si se comparan con los modelos irreales que ven, tienen más posibilidades de sentirse inferiores físicamente. O pueden acabar creyendo que las relaciones de dominio —sumisión— son propias del amor romántico y que está bien desahogar la ira y obligar a la chica a hacer lo que ellos desean, como mantener relaciones sexuales aun sin desearlo. O, a la inversa, que las chicas pueden usar la sensualidad como forma de presión para ejercer su dominio, si el chico todavía no se siente preparado para practicar sexo.

En esta etapa, los padres no pueden dejar de transmitir mensajes como, por ejemplo, que en un encuentro sexual ambos tienen derecho a decidir, a elegir cuándo y cómo hacerlo, o la importancia de respetarse y respetar al otro, sabiendo que un «no» nunca es un «sí disfrazado», como ocurre en las películas pornográficas. También deben saber que nunca van a permitir que nadie se sobrepase con ellos, ni van a aceptar proposiciones obscenas, ni a mantener encuentros sexuales solo porque la otra parte presiona o amenaza incluso con el abandono.

El objetivo es que sean capaces de valorar que un encuentro sexual debe basarse en el respeto, y que un encuentro es una experiencia mejor que el sexo rápido, el que surge espontáneamente sin conocer a la otra persona durante un tiempo, y con riesgo de contraer enfermedades, o bien después de haber consumido algún tipo de droga o alcohol, para despertarse al lado de alguien a quien muchas veces ni siquiera conocen.

Primeras ocho claves para sincronizar la comunicación con los hijos

Ya sabes que hablar de sexualidad no empuja a los hijos a tener más actividad sexual, como tampoco les autoriza a nada.

La claves en cualquier tema son:

- No te pongas como ejemplo de nada que le quieras explicar sobre sexualidad ni le cuentes tu vida.
- No adoptes un tono o unas formas que sugieran que eres el único modelo a seguir, ya que de ser así lo más probable es que lo inhibas, sienta rabia hacia ti o, sencillamente, te ignore.
- Enfoca los temas con la misma paciencia que los plantadores de bambú japoneses. Ellos saben que durante los primeros siete años de vida la planta apenas crece, pero que luego, en solo seis semanas, ¡alcanza casi los treinta metros de altura! Saben que solo un cultivador novato e inexperto pensaría durante esos siete años que las semillas que plantó y regó casi a diario salieron de mala calidad. Y se reirían si además les gritara: «¡Creced más rápido!» De un puñado de semillas, muchas crecen... Solo hay que esperar a que broten en el momento adecuado.
- Mantén una actitud y un lenguaje no verbal que invite a la confianza, sin invadir, mirándole a los ojos con honestidad y respeto. Tanto los chicos como las chicas cargan con demasiados mitos y tabúes sobre su sexualidad. Quizá por ello el primer paso para despejar estos tabúes sea aliviarlos con información precisa, y siempre apelando a su responsabilidad.
- Ayuda a reflexionar sin juzgar. Es probable que tu hija o hijo quiera saber qué debe hacer porque desea mantener relaciones sexuales. Proponle que se pregunte si realmente se trata de su deseo o lo hace para contentar a alguien, ya sea el grupo de amigas o la

pareja... A veces no es fácil que llegue a esta conclusión en una primera charla, y puede sentirse molesta por este tipo de argumentaciones. Así pues, lo mejor es no insistir y darle tiempo para que la medite mientras le proporcionas la información que pide.

- Oigas lo que oigas, no te escandalices. Solo trata de informar, de explicar cosas que les ocurren a otros chicos y chicas, en otros países y en el nuestro. Los padres no deberían olvidar que los diálogos sobre sexualidad están relacionados con la autoestima, el sentido crítico respecto de lo que ven y oyen, el aspecto social de la sexualidad, el «¿quién soy?», el «¿qué quiero para mi vida?» y el «¿cómo lo puedo obtener?».

- Busca un momento de exclusividad, para que él o ella pueda expresar sus dudas o su desconcierto y tú transmitirle una actitud positiva respecto de su sexualidad, hay que buscar los momentos clave en que intuyas que puede tener mayor receptividad, generalmente con pocas presiones inmediatas en el entorno.

- Recuerda que con 14 o 15 años ya no se es un niño, de modo que no trates a tu hijo o hija como si lo fuera. Solo desea empezar a vivir nuevas experiencias, incluso en el plano amoroso y afectivo. Pero, fundamentalmente, no debes olvidar que hay tres cosas que ahuyentan a los adolescentes: querer aparentar ser lo que no se es; insistir en un mismo tema y acabar siendo monotemático, y soltar sermones.

- Deja fuera de tu vocabulario palabras como «erróneos», «enfermos» o «inmorales» para referirte a aquellos de sus comportamientos que consideres inadecuados o en desacuerdo con aquello que le has enseñado. Es mejor escuchar para descubrir lo que sabe o cree saber. En ningún caso personalices ni hagas referencia a su persona.

- Recuerda que así como los hijos necesitan ayuda en el tránsito a la madurez, a veces los padres también necesitan tiempo. Ya sabes que lo más fácil es decir «no lo hagas», pero también que sirve de poco.

Temas que no puedes pasar por alto

En la adolescencia temprana, los temas que tienes para tratar con tu hijo o hija pueden parecerte demasiados. Sin embargo, para estar cerca de ellos en esta etapa es necesario dar respuestas a aquellos temas que realmente les preocupan, y que a menudo aceptan que la información provenga de sus padres. Algunas de las informaciones que los confunden son:

1. Temas del mundo de los chicos

En primer lugar, explícale a tu hijo que los mitos sexuales son creencias falsas que se transmiten de generación en generación o través de amigos, y que no debería considerarlos grandes verdades.

La satisfacción sexual depende de muchos factores y poco del tamaño del pene. La confusión al respecto procede de la influencia de la pornografía.

Los chicos no tienen más necesidades sexuales que

las chicas, sencillamente su cerebro funciona de manera diferente por acción de las hormonas.

No hay una edad determinada para mantener relaciones sexuales. Y tampoco es verdad que, si un chico no tienen sexo antes de los veinte años con una chica, significa que es homosexual. Es durante la preadolescencia y la adolescencia cuando se orienta el deseo. La homosexualidad no es algo que se descubra de repente, sino que va a depender de cada persona. Hay gente que se ha sentido atraída sexualmente por personas de su mismo sexo o ha fantaseado sexualmente con ellas, y eso no significa que sea homosexual. Es importante diferenciar entre tener una fantasía homosexual o algún tipo de conducta sexual con personas del mismo sexo, y que la orientación del deseo sea de carácter homosexual.

Es falso que el alcohol aumente la potencia sexual, o que aumenta el placer. No es verdad que un chico, por el mero hecho de serlo, tenga que estar todo el tiempo en estado de excitación cuando vive una situación sexual, y que si ello no sucede es que pasa algo raro.

No es verdad que el orgasmo sea necesario y obligatorio en toda relación sexual. Y que si no hay orgasmo, no se ha disfrutado.

No es verdad que la primera vez que una chica realiza el coito no haya riesgo de que quede embarazada. ¡Claro que puede quedar embarazada!

No es verdad que el *coitus interruptus*, conocido como la «marcha atrás», o retirar el pene de la vagina justo antes de eyacular, sea un método anticonceptivo.

Antes de la primera vez hay que pensar si se desea

realmente, si uno se considera lo suficientemente preparado para asumir las consecuencias, y si la decisión se toma libremente. A menudo los padres no hablan de esto con su hijo porque creen que a los varones lo que mejor les va es el «aquí te pillo, aquí te mato», el sexo por impulso, por descontrol, pero esto no conviene a los adolescentes, independientemente del sexo.

2. Temas del mundo de las chicas

Desde el momento en que decides hablar de sexualidad con tu hija es porque sabes que tener una experiencia sexual es algo que hará o dejará de hacer cuando lo crea conveniente. Por ello, son muchos los temas de los que puedes hablar, intentando escuchar, sin prejuicios, lo que tenga para decir. Por fortuna, la mayoría de las adolescentes entrevistadas para este libro aseguraron confiar en sus madres —y no porque estuvieran presentes—. Pero también manifestaron que la educación que recibían de la madre era antisexo y antihombres, que su actitud era sobreprotectora y que lo único que parecía interesarles era si ya habían mantenido relaciones. Lo que algunas de estas adolescentes echaban de menos era poder hablar con naturalidad de los deseos, de lo excitadas que se sentían cuando veían al chico que les gustaba y cómo eso las descolocaba. También querían hablar sobre el miedo al sexo, a la primera vez, y a lo que sus amigas pudieran pensar de ellas. En suma, echaban de menos hablar con sus madres de su condición de mujer. Unas pocas manifestaron que deseaban saber qué tenían que hacer para sentirse seguras cuando estuvieran con un chico a solas, en el terreno íntimo y privado. Entre los temas más importante que tienes para hablar con tu hija, no pueden faltar los siguientes:

- Los cambios físicos y su relación con los cambios emocionales. A veces estos dos aspectos no evolucionan juntos. Puede haber un desarrollo físico evidente y emociones más relacionadas con la infancia que con la adolescencia, lo cual es absolutamente normal.
- Puedes proponerle que en casa se mire sus genitales con un espejo, para que vea que no son algo tabú. Eso les ayuda a entender más cómo evoluciona su cuerpo. Primero puede ver imágenes en un libro o en un vídeo científico, y luego puede verse ella y conocerse. Ver los labios mayores, los labios menores, la entrada del himen, el clítoris, pero solo cuando se sienta preparada para ello.
- Explícale que existe una estrecha relación entre cómo vivenciamos nuestro cuerpo y nuestra sexualidad. Vale la pena enseñar esto a tu hija adolescente,[16]

16 Cuando la revista científica *Archives of Pediatrics & Adolescent Medicine* se hizo eco de un estudio llevado a cabo entre 1.659 mujeres de 16 años promedio en 132 escuelas secundarias, demostrando que el grado de sintomatología depresiva en la adolescencia estaba relacionado con la percepción negativa del propio cuerpo por su relación con la baja autoestima, y que esto era un foco de riesgo para las relaciones abusivas de la pareja, independientemente de haber vivido experiencias similares en la niñez, se empezó a trabajar en las escuelas con grupos adolescentes, lo que acabó demostrando que se había empezado demasiado tarde.

y cuanto antes mejor, para que no dependa de una báscula y siga una alimentación sana. Para que deje de odiarse a sí misma por tener un cuerpo con grasa —real o imaginaria, da igual—. Para evitar que deje de comer o siga dietas estrictas creyendo que con eso es posible controlar la propia vida, como tal vez le aconsejaron sus amigas. Para que borre de su mente la idea de que comer helado, chocolate o bocadillos calma el estrés. Para que comprenda que el odio al cuerpo es una enseñanza social que afecta también a la elección de la pareja, «un detonante que afecta incluso desde aspectos emocionales, a la elección de amigos o "parejas tóxicas"». Asimismo, estudios recientes demuestran que las adolescentes con síntomas depresivos o baja autoestima son víctimas con mayor facilidad de la violencia de sus parejas porque la frontera entre el yo y el tú es demasiado permeable, presenta aberturas, y lo mismo ocurre con quien está disconforme con su cuerpo en un grado elevado.[17]

- Debe tomar conciencia de que su cuerpo es un cuerpo real, no el de las imágenes publicitarias. Puedes incluir la idea de que ser mujer es mucho más que tener un cuerpo. Que con hacer ejercicio para liberar tensiones dos veces a la semana es suficiente, si el objetivo es modelar o tonificar el cuerpo, y, por último, no debe aceptar reírse de chistes que mani-

17. Rodríguez, Nora, *El nuevo ideal del amor en adolescentes digitales. El control obsesivo dentro y fuera del mundo digital*, Desclée De Brouwer, Bilbao, 2015.

fiesten algún tipo de violencia invisible o directa contra su cuerpo.

Internet y el nuevo modo de entender la sexualidad

Internet no solo ha revolucionado el modo en que los jóvenes se relacionan entre sí y cómo se entienden a sí mismos, sino también el concepto de sexualidad y la manera en que la experimentan. La mayoría de ellos, aunque no tengan edad suficiente, forman parte de alguna red social o algún grupo digital durante la adolescencia temprana. Mensajes breves y uso de signos y emoticonos, y clicar un «me gusta» antes de que del otro lado alguien se sienta ofendido; o ignorar, para generar a alguien más ansiedad o deseo de cercanía... Así es el mundo virtual en que se socializan las nuevas generaciones, todo tiene que ser instantáneo, muy rápido. Y es por ahí donde se cuelan también las modas sexuales como el «sexo exprés», que no ha tardado en expandirse del mundo digital al mundo real. Entre otras razones, porque socializar en dos mundos paralelos no implica que tu hijo o hija sepa exactamente cómo actuar en ambos. Hará lo que hace la mayoría, porque esto forma parte del contagio emocional e ideológico que impregna la red, lo cual, por otra parte, no es privativo de los adolescentes, sino que afecta a la mayoría de las personas activas en las redes sociales. Esta es una razón imprescindible para dialogar con los hijos y, al mismo tiempo, ser coherentes. Por ejemplo, dejar el móvil en un sitio de la casa a las diez de la noche para estar en familia. Esto hará que sea más fácil hablar con un adolescente sobre qué tipo de modas aceptar y cuáles no, o cuáles no pueden llevarse a cabo en el mundo real. Un ejemplo que comprenden rápidamente es el poco sentido que tiene estar todo el tiempo subiendo *selfies* a las redes. Prueba a preguntarle: «¿Irías por la calle regalando fotos tuyas a todo el que pasa por tu lado?» Si su respuesta te hace ver que para él o ella lo importante es hacerlo «porque lo hace todo el mundo», pues entonces disponte a hablar en profundidad sobre este tema, comparte una o dos ideas breves por semana...

Diferenciar entre el mundo real y el mundo virtual

Si «lo que importa es hacerlo», sin tener en cuenta si es seguro, explícale que los encuentros «amorosos» en el mundo real, en el que las personas no saben nada la una de la otra, ni antes de una relación sexual, ni durante ni después, pueden tener consecuencias graves para la salud, consecuencias emocionales y sociales. Y, aun así, es algo que hacen muchas personas.

Asimismo, de las personas que se enamoran en la red, sin contacto físico, solo a partir de una potente comunicación emocional, una gran mayoría acaban sintiéndose decepcionadas cuando se produce el encuentro en el mundo real. Lo que ha habido es una relación imaginada, sin ninguna sensación «cuerpo a cuerpo». Y esto es algo que no solo hacen los jóvenes, sino también muchos adultos.

Pregúntale a tu hijo o hija qué opina de esto. O por qué cree que muchos adolescentes, principalmente en Estados Unidos, prefieren una relación virtual. Escucha su respuesta, sin juzgar. También puedes compartir el documental de la cadena CBS *Cybersex Addiction*, que muestra cómo ocho millones de estadounidenses pasan más de diez horas semanales con sus parejas virtuales. En España, algunas encuestas aseguran que el 25 % de los españoles llegan a internet con fines sexuales, y que, en el caso de los adolescentes, declaran experimentar una sensación placentera, y que la prefieren porque es menos complicada, aun sabiendo que en ningún caso eso es sexo...

¿Has pensado alguna vez cuánto puede tardar tu hijo en llegar a una experiencia sexual cuando pasa muchas horas solo en su habitación conectado a la red? Exactamente 0,74 segundos.

Si tienes en cuenta que la palabra «sexo» da en ese tiempo unas 446.600.000 entradas, imagina la cantidad de información a la que puede acceder en solo cinco minutos.

Ahora bien, tal vez ha llegado el momento de que le muestres a tu hijo o hija que la mayor parte de esa información no es real, ya que contiene un alto porcentaje de contenido sexual adaptado a estereotipos de género y presentado exclusivamente desde la genitalidad.

Convendría recordar aquí las palabras de Michel Houellebecq, en *Ampliación del campo de batalla*: «El liberalismo sexual produce fenómenos de empobrecimiento absoluto.» En la mayor parte de las encuestas anónimas realizadas para este libro, unos 350 —más de la mitad— de los chicos y chicas de entre 14 y 18 años aseguraron que sus padres desconocían que ellos frecuentaban sitios de contenido sexual en la red, que preferían enamorarse por este medio y que carecían de la confianza suficiente para hablar de ello con sus padres. Algunos incluso se vanagloriaban de mantener varias relaciones virtuales a la vez.

El problema, tal como afirman sexólogos que trabajan exclusivamente con adolescentes, es que a través de la red una gran mayoría de ellos no solo reciben información distorsionada, que luego tienden a imitar, sino que esta condiciona su comportamiento, sus ideas y sus emociones.

Piensa que cada vez que tu hijo está frente a la pantalla, confía en que se le está dando información sobre lo que puede hacer con «su sexualidad». El espacio virtual, si bien no le ofrece una idea real de quién es, sí que le ofrece una vaga idea de cómo puede ser. Desde dicho espacio irreal y simbólico no es de extrañar que muchos de estos chicos se vuelvan adictos al sexo por internet,[18] que llega a ellos a través de muchas formas, desde *streaming* de audio y vídeo hasta en directo por *Skype*. Y es la excitación y consecuente frustración, propias de las experiencias virtuales, lo que los coloca en el círculo adictivo.

Los padres llegan a darse cuenta de que algo pasa porque se produce un cambio de hábitos. Los hijos se muestran más introvertidos, manifiestan un cansancio extremo, suelen traer peores notas, niegan haber estado en el

18. Se sospecha que 1 de cada 1.000 chicos entre 11 y 17 años está enganchado o al móvil o a internet.

ordenador cuando todos saben que sí que lo han hecho, además de que empiezan a comer mal y a tener comportamientos diferentes de los habituales hasta entonces.

Los padres deberían informar a sus hijos durante la adolescencia temprana sobre lo que se esconde detrás del cibersexo. Deberían advertirles que este no es otra cosa que una actividad económica basada en la explotación, algo que es propio de la pornografía, y en ningún caso es cine artístico, como se quiere hacer creer, sino una actividad económica a menudo relacionada con la prostitución.

También es importante que los adolescentes sepan que al hablar de «servicios» gratuitos o llevados a cabo por aficionados, se tiende una especie de trampa para captar la atención de la gente. Mediante el secretismo, el *marketing* ha logrado infundir la tentación de descubrir nuevas sensaciones, y eso lleva a muchos adolescentes a «engancharse».

Pero hay más: en una tarde un chico o una chica pueden participar en las actividades de comunidades de sexo virtual, acceder a contenidos sexuales excitantes o participar en una videoconferencia poniendo en peligro su seguridad.

Para tu bloc de notas...

La pornografía no solo cambia la idea de la sexualidad en los jóvenes desde la primera adolescencia, sino también la conducta. El primer contacto ocurre a edades muy tempranas, pero el contacto continuado se produce alrededor de los 13 o 14 años. ¿Qué pasa en la mente de algunos jóvenes que comienzan a estas edades para que continúen enganchados hasta los 18 o 20 años? Muchos chicos sienten la necesidad de parar, pero no pueden. En esta etapa es importante que hables con tu hijo del riesgo a la adicción, y del hecho de que algunos jóvenes acaban siendo internados en centros especializados, tal como ocurre como fruto del consumo de drogas o alcohol.

Para la doctora en psicobiología Bertha K. Madras, profesora de psicobiología en el Departamento de Psiquiatría de la Harvard Medical School, debido a que algunas partes del circuito dopaminérgico son las últimas en terminar de formarse (la dopamina es una sustancia química liberada por el cerebro en respuesta a actividades placenteras, como comer una comida deliciosa, o lo que implica ver pornografía para los jóvenes), el cerebro recuerda lo bien que se sintió, y toma una nota mental: «Esto debería repetirse.» Así es como, tras recibir una y otra vez el mismo estímulo, el cerebro ya no produce tanta dopamina. Pero las drogas (y la pornografía también lo es) son increíblemente peligrosas por esa razón, porque producen grandes cantidades de dopamina cada vez que se consumen. Esta es la razón por la que los adolescentes tienen un alto riesgo de volverse adictos, porque no han alcanzado la madurez suficiente para ejercer el control cognitivo y reprimir sus impulsos sexuales, pensamientos y comportamientos provocados por el contenido pornográfico.

Respecto a las chicas, los estudios llevados a cabo con 522 adolescentes de edades comprendidas entre los 14 y los 18 años por Gina Wingood, profesora asociada de la Escuela de Salud Pública de la Universidad Emory en Atlanta, demuestran que se vuelven promiscuas y negligentes, más propensas a mantener relaciones sexuales sin preservativo y a tener múltiples parejas sexuales, aunque no queda claro si es simultánea o sucesivamente.

Esto es lo que los padres necesitan hacer en esta etapa:

1. Explicar a los hijos y a las hijas qué pasa en el cerebro.
2. Instarlos a que levanten una barrera entre ellos y la pornografía, aunque al principio crean que no lo conseguirán. Para ello pueden, por ejemplo, poner por un tiempo su ordenador en el comedor de la casa.
3. Instarlos a bloquear los sitios y páginas de contenido pornográfico que han usado o frecuentado más a menudo.
4. Identificar en qué momentos son más vulnerables y procurar que cambien de hábitos.
5. Pedir ayuda si vemos que no pueden pararlo solos.
6. Procurar que, aunque sientan vergüenza, intenten conversar con las chicas que les gusten.
7. Lograr que lleven una lista de días en que lo van logrando.

Modas sobre las que hay que hablar dirigidas a adolescentes...

Las «modas» que aparecen en la red en relación con la sexualidad suelen traer serios problemas a los adolescentes. La mayoría de ellas logran expandirse de un modo increíble a través de las redes sociales, y a estas edades muchos chicos y chicas quieren «estar a la última». Una significativa mayoría de estas modas conlleva otros riesgos, como la iniciación al alcohol, a las drogas, a aceptar amigos y amigas con derecho a roce, o atreverse a practicar «sexo maratoniano» con desconocidos, o bien con quienes hay tanta confianza que para qué usar con ellos preservativo.

Las redes sociales también están empujando cada vez más a prácticas que se promocionan como inocuas, como el sexo oral, pero sin mencionar el riesgo de papiloma. De modo que, en lugar de recurrir a la excusa de que «con los adolescentes no se puede hablar porque ya se sabe: no te oyen», o que «tienen sobrados argumentos para explicar por qué hacen lo que hacen», o de solucionarlo todo haciéndoles ver los beneficios de la abstinencia, hay que hablar con ellos, y en esta etapa de todo aquello que los implica directa o indirectamente. De hecho, las investigaciones sobre los jóvenes que practicaban la abstinencia llevados a cabo por las universidades de Yale y Columbia, demostraron que existían tasas similares de enfermedades de transmisión sexual entre estos jóvenes y aquellos que no se privaban de mantener relaciones sexuales. Lo que ha venido a demostrar que la solución no es la abstinencia, sino la educación de la sexualidad. Sea por motivos religiosos o por una estrategia de prevención, como ocurre en ciertos países africanos, obligar a los jóvenes a la abstinencia genera el efecto contrario, es decir, más conductas de riesgo. Según este estudio, efectuado a partir de una muestra de 12.000 adolescentes, los jóvenes que se comprometen a llegar vírgenes al matrimonio son más propensos a probar prácticas sexuales de riesgo, por ejemplo, no utilizar preservativo.[19] Pero hay otra razón, y es que los argumentos prohibitivos son demasiado cómodos y no proporcionan estrategias a quienes realmente las necesitan. Resultan tan inútiles como los argumentos de algunos padres que no se adelantan a hablarles de los problemas con que se pueden encontrar en relación con su sexualidad, alegando que «ya lo aprenderá cuando llegue su momento, alguien se lo explicará, como nos ocurrió a todos». O bien, «ya le hemos enseñado lo que tenía que aprender, ahora es su responsabilidad», usados como argumentos tranquilizadores que, sin embargo, dejan a sus hijos en una permanente situación de riesgo.

Nadie niega que en estos argumentos puede haber algo de verdad, pero hoy día hay demasiadas «modas sexuales» provenientes de la red,[20] y de un modo u otro se

19. *El Nuevo Herald*, 27 de diciembre de 2005.
20. La mayoría de las modas (ruleta sexual, *dogging, swinger, cruising*, sexo teledirigido) tienen un común denominador, el placer es por el riesgo, no hay protección, se practica sexo sin compromiso, y lo que se busca no es un encuentro entre dos personas. Otro tipo de modas son las *selfies aftersex*, que consiste en realizarse fotos en pareja después de haber mantenido una relación sexual y que habla de un narcisismo increíblemente patológico que está arrasando entre los jóvenes. Por último, el *petting*, o sexo sin importancia, generalmente se lleva a cabo entre amigos, compañeros de instituto, o con personas que primero se

les incita a probar. La realidad sexual que se les plantea en el nuevo milenio exalta el papel de la experiencia.

Mucho sexo, rápido y en cualquier parte

La gran sensación de invulnerabilidad, el placer del riesgo, el vértigo del momento, la idea de vivir experiencias sexuales sin límites, sin contención afectiva y con la búsqueda inmediata de un placer ideal, como si se participara en una carrera a gran velocidad, es quizá lo más atractivo del sexo improvisado. Pero también:

- Por la presión de los compañeros. Para demostrar que son iguales que los otros chicos, o que han tenido más experiencias íntimas si se trata de las chicas o para tratar de conseguir la atención del chico o la chica que les gusta.
- Para demostrar, tanto ellos como ellas, que son deseables y atractivos.
- Porque cumplen con las expectativas del padre, especialmente si se trata de un chico.
- Para que nadie piense, en el caso de los chicos, que tienen algún problema sexual o algún defecto. Entre las chicas, para no sentirse excluidas o diferentes si entre ellas algunas han tenido experiencias sexuales o dicen abiertamente que «ya lo han probado».

---

conocen a través de internet, que tiene por objetivo la excitación sexual mutua, sin llegar a realizar penetración. Algunas chicas que prefieren el *petting* en general desean llegar vírgenes al matrimonio. Por último, el *hooking up*, que consiste en tener encuentros sexuales sin ningún compromiso, solo entre estudiantes, y sin tener que revelar detalles.

- Porque bebieron alcohol o consumieron algún tipo de droga.

Para tu bloc de notas...

Hablar de las modas procedentes de internet puede ser algo muy complicado si todos los amigos de tu hijo están de acuerdo en que se trata de algo normal. A continuación, algunos trucos para mejorar la comunicación con tu hijo que te servirán siempre que los uses en un ambiente sereno:

- Lo mejor es comenzar con frases del tipo «a mí me parece», «según mi forma de pensar», «mis valores son»... Una cosa es hablar en primera persona, y otra muy distinta dogmatizar, hablar desde el «tienes que».
- No hace falta ser catedrático para hablar sobre sexualidad con los hijos, pero sí convendrá estar preparado para informar y responder a preguntas a veces incómodas.
- Intenta hablar con él o ella a solas. No es necesario que trates todos estos temas de una sola vez, sino poco a poco, a medida que vayan surgiendo preguntas o pensamientos en voz alta...
- Cuando tengas dudas sobre cómo hablar sobre un tema relacionado con la sexualidad, utiliza estrategias como el parafraseo, que consiste en decir una frase corta que refleje lo que tu hijo o hija acaba de expresar. Ejemplo: «Parece como si me quisieras decir que...»

- Emplea preguntas «abiertas», que no pueden responderse con un simple sí o no.
- Anímale a que pregunte abiertamente sus dudas.

Este tipo de técnicas ayuda a vencer el miedo de crear una situación incómoda que podría cerrar las líneas de comunicación. Hay que hablar de los temas necesarios para que nuestros hijos se responsabilicen de su sexualidad.

En relación con las modas, le puedes explicar a tu hijo adolescente que:

- Las prácticas sexuales tienen que ser acordes a lo que cada uno desea, siente y piensa, lo cual exige reflexión.
- Las fantasías no siempre hay que llevarlas a la realidad, y que por eso son fantasías.
- Hay adolescentes que aceptan el riesgo sexual para sentir emociones nuevas porque con ello tapan carencias emocionales, como la falta de autoestima, de seguridad o poder, o porque se sienten solos.
- Conviene tener una actitud reflexiva incluso si uno se ha equivocado, de modo que vea los errores como una oportunidad para tener una mayor perspectiva sobre las consecuencias de sus actos.
- El camino hacia la satisfacción sexual no consiste en ser más seductores, mostrar lo que no se es para agradar a otros, o en aplicar a pies juntillas las técnicas y conceptos transmitidos en internet, sino en aprender a conocernos y valorarnos, a estar conectados emocionalmente, en aprender cada día un poco

más acerca de la sexualidad, y que esta es mucho mejor cuando hay amor, apertura y respeto hacia la otra persona.

- Una persona sexualmente inteligente, antes de seguir una determinada conducta sexual piensa si realmente es eso lo que desea. Es también alguien que se informa de sus dudas por vías serias. No cree que el sexo sea estupendo a la primera, sin un trabajo previo de «ajustes» y procurando que ambos gocen por igual.

Experiencias sexuales en grupo

Alejandro, 14 años. «Con los chicos y chicas de mi grupo —a veces somos unos veinte—, conseguimos alcohol y unos porros y vamos a pasarlo bien a algún sitio, generalmente la casa de algún amigo cuyos padres no están. Pero no siempre hay sexo, solo a veces. Quizás es mejor, porque solo nos enrollamos entre nosotros, las parejas no son siempre las mismas; los que somos siempre los mismos somos nosotros.»

Las experiencias sexuales en grupo han empezado a ponerse de moda en las redes sociales. Los chicos no hablan de experiencias sexuales sino de «descarga», y las chicas, de «dar confianza». Se trata de un tipo de práctica cada vez más común, ya que se sienten más desinhibidos por estar entre amigos y por el tipo de consumo, en ocasiones drogas o alcohol. Algunos creen que están menos expuestos al rechazo de la potencial pareja porque esta se siente igual de inhibida en la intimidad. A veces, en estos grupos aparecen desafíos como «a que no lo haces delante de todos».

Para tu bloc de notas...

¿Demasiada confusión entre los jóvenes? Sin duda. Hay numerosas prácticas que ellos consideran inocuas y que, no obstante, tienen consecuencias terribles tanto para la salud como para sus emociones. Algunas adolescentes aseguran que aceptan «hacer cosas» porque esperan más compromiso de su pareja. Los chicos que se adhieren a las modas raramente usan protección, con la excusa de que disminuye el placer, pero también porque no saben cómo hacerlo. Lo más grave es que raramente piensan en el VIH, o en enfermedades infecciosas como gonorrea, sífilis o herpes. De modo que, si como afirman muchos sexólogos, es probable que uno de cada seis o siete adolescentes haya practicado sexo oral entre los 14 y los 17 años, resulta evidente que se necesita más información por parte de los padres. Y porque el sexo oral también tiene consecuencias negativas para la autoestima. Para los adolescentes, el amor y el sexo no van necesariamente unidos. El sexo puede ser parte de la diversión, por desahogo, por carencias, o sencillamente para pasar lo que ellos llaman «un buen rato».

Amigos en código «intimidad»

El nuevo código sexual, que se integra a la «amistad», es el basado en la «confianza». Los adolescentes de hoy hablan de «confiar» en la pareja, como si dándole a esta un voto de confianza no hubiera riesgos de índole sexual, y, por lo tanto, pudiesen mantener relaciones sin protección. La acción de «confiar» forma parte del código de las chicas, a las que no les importa si solo llevan tres días de relación. Ellas aceptarán no usar preservativo como muestra de creer en la fidelidad del chico, especialmente si la relación es etiquetada como «formal». Pero también pueden «confiar» fácilmente y dejar de protegerse si se trata de un ligue de una noche, pues es el primo de una amiga, o el amigo de un amigo con derecho a roce al que hace tiempo que conocen.

Marta y Marcos, ambos de 14 años. Son compañeros de Marta, que, al igual que la protagonista de *Sueños de adolescente*, cree que tener un amigo especial es una vía excelente para prepararse sexualmente antes de que llegue el amor de verdad. Generalmente, son parejas formadas por un chico y una chica de la misma edad, mientras que el novio de dicha amiga suele ser mayor y la novia del amigo, mayor o menor que él. Los amigos con derecho a sexo también pueden ser del mismo sexo, formando parejas que se definen como bisexuales u homosexuales. En cualquier caso, este tipo de amigos son cómplices hasta el punto de que la pandilla sabe que entre ellos hay «algo más». Se lo cuentan todo y se excitan mutuamente con confidencias de carácter sexual. Suelen compartir desde estimulantes hasta información sexual que consideran secreta, por lo general procedente de internet. Cuando están juntos, casi siempre se están tocando, acariciando, dándose mordiscos, abrazados... Si se les pregunta qué hay entre ellos solo se declaran estupendos amigos.

Para tu bloc de notas...

Resulta sorprendente que, a pesar de la facilidad para los encuentros sexuales y a pesar de la información, cada vez más varones adolescentes consulten por problemas sexuales como la disfunción eréctil. Según recientes investigaciones, una alimentación rica en carbohidratos y azúcares sumada a la obsesión por mostrar su masculinidad a causa de sentirse muy inseguros, o querer llegar conjuntamente al orgasmo como en las películas, les genera un gran ansiedad. Muchas ideas sobre la masculinidad son transmitidas por los chicos como verdades absolutas y, según sus creencias, sirven para definir la capacidad sexual del hombre, entre ellas, conseguir que la pareja alcance múltiples orgasmos, como ven en las películas.

- Transmítele a tu hijo que la sexualidad exige responsabilidad, pero permite que sea él quien recorra su propio camino.
- Habla con él sobre lo que piensa y siente, para que comprenda que es responsable de su sexo, de su cuerpo. Inspíralo para que hable de las decepciones

y fracasos que a menudo caracterizan las relaciones a estas edades, especialmente porque al dialogar aprenden a separar aquello que les hace bien de lo que los daña...

- Ayuda a tu hija adolescente a comprender la importancia de prevenir los embarazos, aunque esté cansada de escucharlo. La idea de planear un embarazo implica la convicción de que los niños son importantes, ya que de los adultos depende su cuidado y cariño. Hazle pensar en los niños, es un modo de transmitir el mensaje desde un enfoque distinto, y en que son demasiado importantes para que se les haga llegar al mundo por casualidad.

Enroll@rse con un igual

Para algunos adolescentes la libertad sexual puede incluir tener experiencias con alguien del mismo sexo sin que por ello se sientan homosexuales.

María y Rosa, más que amigas. María tiene 13 años y Rosa, 14. Se conocieron en una fiesta de cumpleaños de una amiga común. «Yo sabía que un día iba a probar —afirma María—. Me intrigaba estar con una chica, así que ¿por qué no?» Ambas son alumnas de un colegio privado de alto nivel social. Rosa quiere contar su experiencia: «La primera vez que lo hice tenía 13 años, en una fiesta en la que todo el mundo estaba con todo el mundo. Fueron tres segundos de un beso con lengua, sin importancia. Todo el mundo me miró raro, pero me daba igual. Es más, no sentí nada especial. Ella sabe que a mí los chicos también me gustan, y que si lo dejamos con ella, me enrollaré con un chico... —Se queda pensando y agrega—: Quizá podría ser bisexual.

La mayoría de los adolescentes que tienen experiencias sexuales con un congénere nunca se lo cuentan a sus padres, pero en su grupo se sabe y acepta sin necesidad de que todos sus integrantes lo practiquen. Los adolescentes, en general, no se miran catalogándose de femenino, masculino, homosexual, travestido o transexual, sino que se unen por afinidades, lo que no significa que fuera de «su grupo» no se sientan desplazados o acosados. Para ellos, las primeras relaciones, si se trata de «pruebas» entre chicas o entre chicos, no significa que sean homosexuales, algo en lo que algunos expertos coinciden, ya que deben ser entendidas como pequeños ensayos. Hoy en día, entre los adolescentes es más común que hace cincuenta años ver que se dan determinados permisos para experimentar diferentes formas de sexualidad sin calificarlas ni clasificarlas, generalmente porque es una etapa en que predominan los impulsos y la curiosidad, y de ahí solo hay un paso a la acción.

Ahora bien, cuando chicos o chicas se definen a sí mismo como gais o lesbianas —y lo dicen—, no se trata de algo que hayan descubierto en un día, sino que lo saben desde siempre. A veces es un secreto tan bien guardado que durante años se sienten incomprendidos, ya que sus deseos de experiencias se alejan de lo tradicional. No obstante, muchos de ellos comienzan a tener prácticas sexuales a edades muy tempranas, y no todos saben cómo usar protección.

Para tu bloc de notas...

Si como padre o madre te estás preguntando qué harías si te enteraras de que tu hijo o hija ha tenido experiencias sexuales de algún tipo con alguien de su mismo sexo, piensa que lo importante es comprender que tu hijo no es alguien que busca sexo homosexual en todo lo que hace, sino una persona con una increíble cantidad de cualidades en todos los niveles. Que su vida no es únicamente sexo, sino que este es solo una faceta. Obviamente, la actitud de los padres dependerá de la personalidad y la información de que dispongan. Tampoco habría que olvidar que los chicos sienten un agudo rechazo hacia los valores y reclamos del adulto cuando estos son muy estrictos, y una negativa ante una confesión de haberse enrollado con un congénere puede generar demasiada incomprensión y, como consecuencia, más rebeldía. Recuerda que los adolescentes piensan: «Este es mi territorio, aquí los adultos no existen.» Así que, antes de alarmarte, lo que necesitas lograr es que confíe en ti. Tu hijo adolescente naturalmente tenderá a romper esquemas, simplemente por su condición de adolescente. Algunos podrán pararse ante sus padres y decir: «Soy gay» o «soy lesbiana». Lo dicen así porque les gusta impactar. También porque actualmente los roles prefijados se desdibujan más que antes. Hay una rebelión permanente contra la autoridad.

Vanesa, 13 años. Asegura tener muchos complejos con su cuerpo, pero no quiere que sus amigas piensen que es diferente. No quiere que vean que no está a la altura si la ocasión requiere ligarse a un chico. Cuando los fines de semana sale en grupo, su consumo de alcohol comienza a las once de la noche y acaba a las seis. Según cuenta, en una noche se ligó a dos chicos, y cree recordar que con ambos hubo sexo. «Fue un fin de semana genial, me lo pasé muy bien, me fui a acostar a las siete de la mañana.»

La engañosa moda de la chica atrevida y el chico siempre dispuesto

Internet mantiene activa desde hace años la moda de las «chicas atrevidas» y los «chicos siempre dispuestos al sexo». Hay muchos que creen que, si no responden a estas ideas de cómo debe ser un adolescente, no serán aceptados por el grupo, o perderán su estatus dentro de este. Para «dar la talla» y ser atrevidas como la moda manda, las chicas suelen beber más alcohol que si salen solo con una amiga, incluso más que los chicos, y también fuman más. A veces porque han tomado como modelo el comportamiento de estos a la hora de entender qué significa ser fuertes y resistentes, o bien porque el alcohol es parte de lo que consideran diversión. El ideal adolescente de «la chica atrevida», tan difundido hoy en los medios de comunicación y las revistas que consumen las adolescentes, tiene al mismo tiempo como consecuencia un aumento en la ingesta de estimulantes. El objetivo siempre es demostrar que ellas pueden, lo que quizás incluya probar por primera vez ciertas drogas.

¿Cuál es el perfil de la chica atrevida que promueven los grupos?

Sin duda, la que no tiene miedo de dar el primer paso para ligarse a un chico y hasta exigirle que debe practicar sexo con ella solo porque así lo desea.

Entre las chicas que se sienten mal con su cuerpo porque se comparan con ideales irreales de belleza adolescente, anoréxicas y extremadamente delgadas y aniñadas, el consumo de alcohol puede fácilmente ser su forma de demostrar que son atrevidas. Algunas adolescentes creen que si están deprimidas, tener sexo «con alguien» las ayudará a sentirse bien, y suelen conseguir pastillas estimulantes para mostrarse más liberales y desinhibidas. El eminente doctor Harold Koplewicz, uno de los mejores expertos estadounidenses en el estudio de la depresión infantil, recomienda a los padres que presten atención a los posibles cambios de humor bruscos de sus hijos adolescentes y a las señales que indiquen que pueden estar pasando por una depresión u otro trastorno. No hay que olvidar que una joven deprimida puede ser más proclive no solo a buscar en el alcohol la euforia, sino también en ciertos tipos de drogas, incluso a buscar consuelo en «nuevas formas de sexo». Y es que cuando un adolescente comete este u otro tipo de exceso, más que responder a una necesidad meditada, obedece a un impulso. Algunas de las chicas que asumían el papel de atrevidas en el grupo y se mostraban excesivamente deseosas de mantener relaciones sexuales, se referían al sexo como algo «consumible».

Assumpta, 15 años. Hace dos años que consume alcohol los fines de semana y, de tanto en tanto, fuma «algo». «Yo controlo —dice—. Se trata de divertirse, ¿no? Si estoy toda la semana estudiando y además trabajo en la tienda con mi madre, tengo derecho a un poco de diversión. Aunque a veces me da algo de miedo no saber si voy a ir más allá o no, eso también tiene su morbo.»

Los miedos antes de la primera vez...

El mensaje que les llega a los chicos desde diferentes medios es que, para «mantener la imagen», tienen que consumir algo que los ayude en ese sentido. Ellos están más obligados a seguir ciertas normas, como la de tomar la iniciativa, ser sensibles en la relación pero insensibles al dolor, y resistentes a las dificultades que plantee la conquista, dar siempre la imagen de fuertes y ligones... Entre los temores comunes de los chicos a la hora de tener la primera relación sexual, el principal, según estudios recientes, es no saber qué hacer, además de miedo a sufrir impotencia, a no encontrar «dónde deben penetrar», a la eyaculación precoz y al contagio de alguna enfermedad («el embarazo es cosa de ellas», dicen). En su mayoría aseguran que los temores desaparecen cuando la relación ya ha pasado.

Las chicas, por su parte, manifiestan que el principal temor es quedarse embarazadas, además de miedo a experimentar dolor, al sangrado, a los contagios, a hacer el ridículo, a ser abandonada luego de haberse entregado, a que su cuerpo no guste, a que los demás noten que no es virgen, a que sus padres se enteren. ¿Cómo superan las chicas estos temores? La mayoría hablan de que todos los miedos dejan de tener importancia si están enamoradas. En ocasiones, también es probable que recurran al uso de drogas y alcohol para dar la talla.

Sea como fuere el desenlace, lo cierto es que en muy pocos casos los chicos y chicas llegan a la primera relación tras haberla planificado conjuntamente.

Para tu bloc de notas...

Para muchos chicos y chicas la conciencia de soledad no es fácilmente tolerable, así que se apuntan a cualquier moda, aunque a corto o medio plazo sea más dolorosa que soportar la sensación de soledad propia de la adolescencia temprana. A veces la sensación de soledad los impulsa a arrojarse en brazos de alguien, confundiendo la pasión con el amor. De este modo, el miedo a la soledad es silenciado por el sexo, y surge el miedo a que si la chica no es como las que él ha visto en las pelis eróticas, entonces no sabrá qué hacer. La chica, por su parte, teme que él no sea el príncipe azul que la llevará a un paraíso encantado, y tampoco sabe cómo tiene que comportarse para que no piensen mal de ella. Entonces ya está el plato servido para que ambos consuman sustancias como «una ayuda».

En esta etapa es crucial hablarles del componente afectivo en las relaciones de pareja, trabajar aspectos como la autoestima y la construcción de ideas propias. En relación con esto último, proponle a tu hijo o hija que lleve un diario personal y que cuando un tema le preocupe, coja un papel y haga tres columnas. En la primera que escriba qué piensa la sociedad sobre ese problema; en la segunda, qué piensan sus amigos, y en la tercera, qué piensa él mismo. También es muy constructivo para ellos integrar los temas sexuales que les preocupan dentro de un espectro más grande, por ejemplo, los valores de la familia. A veces, con que pueda preguntarse «¿Qué pensaría mi familia de este tema?», ya es suficiente. Porque educar en sexualidad supone contribuir a la formación de niños, niñas y jóvenes hacia la autonomía, mediante la transmisión de información científica y elementos de reflexión, para incorporar la sexualidad de forma plena, enriquecedora y saludable en todas las etapas de la vida.

Pasiones sin cuerpo en la red

En 2013, a muchos nos pareció imposible estar 126 minutos frente a la gran pantalla viendo cómo Theodore, un hombre solitario a punto de divorciarse, que trabaja en una empresa como redactor de cartas para terceras personas, tras comprar un nuevo sistema operativo basado en el modelo de inteligencia artificial diseñado para satisfacer todas las necesidades del usuario, se enamoraba perdidamente de Samantha, la voz femenina de dicho sistema operativo. La película se titulaba *Her*, la última película del gran Spike Jonze, un film que disparaba la fantasía de los espectadores al ver cómo una noche Theodore y Samantha alcanzan a sincronizar un orgasmo. ¿Se puede amar sin conectar con una persona? Esta es quizá la gran pregunta en la que ahonda la película, y desde luego hace tiempo que hay millones de respuestas.

Julieta, 15 años. Asegura a su madre estar perdidamente enamorada de Enrique, de 14 años, a quien no conoce personalmente. Ambos quieren conocerse, pero saben que por el momento es imposible. Los separan más de diez mil kilómetros, porque ella vive en Alicante y él, en Chile. Julieta y Enrique están todo el tiempo escribiéndose, viéndose por videoconferencia, a pesar de la diferencia horaria. Julieta no sale con sus amigas porque solo le interesa estar con él ante la pantalla del ordenador.

Para los expertos, el amor virtual crece a un ritmo imparable, tanto entre los adultos como entre los adolescentes, influyendo en estos últimos no solo en el modo de entender el juego amoroso, sino también en el sentido de su sexualidad. Se envían mensajes, whatsapps, fotos, vídeos a tiempo real, pero que nunca coinciden con el receptor. Es evidente que se trata de relaciones de amor sin contacto de los cuerpos, en las que lo genital está ausente, y esta forma de romance promueve aún más el aislamiento y la soledad. Es como si dijeran: «Si quiero estar con él (o con ella), debo conseguir más soledad y pasar el mayor tiempo posible frente a la pantalla del ordenador.» Algunos expertos en salud mental de adolescentes aseguran que esta es una forma de sobrellevar la soledad en personalidades fóbicas, pero la mayoría no lo recomienda ni siquiera en esos casos.

Como quiera que sea, lo que los padres necesitan saber es que, mientras algunos adolescentes «enamorados» de este modo buscan el vínculo para dar forma a un espectáculo que los convierte en protagonistas, al mejor estilo shakespeariano frente a otros, hay también muchos adolescentes que intentan una relación profunda de intimidad. Para ellos, la pantalla en que ven al otro idealizado es un refugio donde desplegar fantasías sin riesgo, con prevalencia de imágenes, emociones y palabras, siempre con la excusa del amor, pero siendo al mismo tiempo un modo de retraerse del mundo real, de permitirse ser otro completamente diferente de quien son en verdad, exaltando aquellos rasgos que más les agraden y disimulando aquellos que no les gusten, sin más esfuerzo que un clic. De este modo llegan rápidamente a la idealización del amor romántico y al deseo de fusión, y que todo ello ocurra con facilidad. Si, además, se le da al cerebro la posibilidad de la variedad y la novedad, en este caso en las relaciones, el estado de enamoramiento está servido. Es por eso por lo que, cuando se piensa en educar la sexualidad, también es necesario incluir la educación para el amor.

Protagonistas de un amor romántico

Lo que las adolescentes esperan de una pareja está directamente condicionado por el «*marketing* del amor», lo que en el cine y la televisión se promociona como el ideal del amor adolescente.[21] Y así, anhelan vivir historias calcadas de argumentos del cine o la televisión «guionizados» y protagonizados por ellas mismas. Cuanto más complicada e imposible sea la historia de amor, cuanto más dolorosa sea la trama, menos les importa dar la vida por amor en estas historias dramáticas, o dar lo que sea, incluso soportar lo peor, sea en el mundo real o en el virtual. De hecho, también dan lugar a la fantasía de que lo que les ocurre es porque han sido elegidas de algún modo por un chico perfecto. Obviamente, en esta idea de amor romántico no cabe el preservativo ni ningún tipo de protección. Además, para no ser considerada una mala chica hay que mostrar cierta sumisión.

Para tu bloc de notas...

La idealización del amor adolescente incluye encajar al chico o la chica real en el modelo ideal, así como acceder a prácticas sexuales con las que a veces no están de acuerdo. En especial, las chicas esperan que, debido a estas concesiones, la pareja les aporte el afecto, la comprensión y la complicidad que desean. Y también fidelidad, compromiso, exclusividad, incluso que el chico sea capaz de dejarlo todo por ella.

21. Op. cit. nota 3.

Ayuda a tu hija a desenredar algunos de los mitos del amor romántico

1. Las mujeres nacieron para amar a los demás.
2. No se le puede poner límites al amor si lo decide el destino.
3. Si se está convencido de que el amor es para siempre es posible renunciar a todo.
4. El amor lo justifica todo, incluso aquello que está por encima del derecho a ser respetado.
5. Cuando el amor es de verdad, no hay nada inaceptable o peligroso.
6. No hay relaciones dañinas, sino personas equivocadas en su forma de amar.
7. Un verdadero amor romántico lo da todo sin esperar nada a cambio.
8. El amor sin límites ni condicionamientos es la prueba de que se trata de un amor para toda la vida.
9. Por amor se puede existir para y por otro.
10. El amor romántico es la máxima aspiración de una buena chica.
11. Cuando se está en pareja las necesidades afectivas quedan totalmente cubiertas.
12. El amor de verdad lo decide el destino, por lo que el «milagro del amor» romántico sí puede cambiar a las personas.
13. Con abnegación, una chica puede lograr que su pareja la ame.
14. La mujer es el «pilar de la familia», por lo que debe estar dispuesta a sacrificarlo todo por la pareja, o por la familia.

15. Que la pareja diga «Me perteneces» o «Eres mía/mío» constituye una prueba de amor.
16. Ante el desamor, todo vale para que vuelvan a quererte.

El neomachismo prende cada vez con más fuerza en la red desde la adolescencia temprana

Desde el inicio de la adolescencia, en las redes sociales se encuentra un refuerzo permanente de cómo hay que comportarse para ser «muy hombre». Estos refuerzos parten de la convicción de que el sexo masculino es superior al femenino, y que debe ejercer un exceso de poder mediante un comportamiento basado en la fuerza, sea física, psicológica, de género, social (en grupos que consideran lo masculino superior a lo femenino) o ideológica. Quienes se incluyen en este grupo se comportan como jóvenes tradicionalistas, incluyen la palabra «novio» en su jerga romántica y reivindican con orgullo la idea de que la novia es una posesión. Esta forma de neomachismo, que se filtra en cualquier grupo que se sienta excluido, por marginalidad, situación de riesgo o exclusión, o simplemente por convicción, ha generado un gran contagio en la red, ya que los jóvenes imitan conductas, creencias y hábitos en que prevalece una masculinidad exacerbada, propia de actividades donde aparecen poco las chicas, como el *hip-hop*, el *skate* o los grafitis.

Se trata de un neomachismo que incluye el control disimulado de la pareja mediante el uso de la tecnología; por ejemplo, a través del móvil, como forma de poder. El perfil del chico neomachista a menudo es difícil de detectar, ya que los lineamientos estéticos del metrosexual, con un discurso de equidad aprendido de madres y abuelas que están en el mercado laboral, amable y educado, otorgan al mismo tiempo a su masculinidad y sexualidad un lugar preponderante. En su discurso entiende que para ser hombre no solo hay que estar siempre a punto, sino también no tener nunca miedo a fallar. Tal es el perfil que muestran en las redes sociales.[22]

Tampoco hablan de sentimientos, porque eso es de chicas, y se muestran extremadamente invulnerables al respecto. Su estética, si bien puede ser masculinizada, también puede presentar algunos elementos andróginos. Se jactan de ser eficientes sexualmente y no ver a las chicas como objetos, aunque en la práctica no es así, y justifican la violencia en la pareja si la consideran justa. Buscan relaciones asimétricas y demuestran ante sus pares un dominio sobre la chica del que forma parte el sexo. Y el ideal adolescente de hoy es el de la chica guapa al lado del chico cachas capaz de enfrentarse a todo por defenderla. Un perfil de chico que, además, es extremadamente consumista y caprichoso, que se muestra distante en la relación e inalcanzable. Y la chica estará dispuesta a competir por ese chico, por más que abiertamente él asegure tener derecho absoluto a pedirle explicaciones y controlar sus horarios, a elegir por ella o tomar decisiones por ella, en-

22. Op. cit. nota 3.

fadándose o retirándole la palabra si no hace lo que él quiere. Así, ella tendrá que dar a cambio más intimidad, y entonces él rápidamente volverá a mostrar desinterés, lo que genera en muchas chicas un alto nivel de dependencia emocional porque no saben «qué está pasando, pero se sienten mal».

Para tu bloc de notas...

Si bien el nuevo modelo neomachista del amor entre adolescentes empieza con la euforia inocente de la fascinación, llega rápidamente a la dependencia emocional y a diversas formas de maltrato. Es el precio que aceptan muchas adolescentes en la actualidad por estar con un príncipe azul y vivir un «amor de película» en el que el sexo desempeña un papel preponderante. Para prevenir el neomachismo, diversos estudios demuestran la necesidad de un cambio pedagógico a la hora de educar a los varones, que no es otro que volver a la importancia del rol paterno, del padre como iniciador social y como autoridad que prepara para la sociedad, que frena la omnipotencia infantil e inculca la importancia del límite y de aprender a tolerar la frustración desde edades tempranas. En suma: varones que puedan ser educados por varones cercanos y desarrollar un sentido de pertenencia que les inculque una nueva moralidad, no los haga caer en la cultura antifemenina y les permita darse cuenta de que hay otras formas de comportamiento masculino más allá del clásico rol de proveedores, protectores, procreadores y autosuficientes. Que les ayude a definirse menos por lo no femenino que por lo que consideran que son, ayudándoles desde los colegios y las familias a observar la propia masculinidad y descubrir por sí mismos cómo son y cómo se sienten. Y esto debe trabajarse también en las redes sociales, porque las chicas suelen aceptar que en el nuevo ideal de amor sus parejas son en algún sentido superiores, desde más activos que ellas hasta más guapos, más deportistas, o con más dinero, asumiendo ellas un papel más débil, lo que no permite quitar al príncipe azul el traje de salvador.

Ciberbullying y acoso sexual en la red

Aldana, 14 años. «Yo no entendía por qué algunos de mis compañeros se reían de mí en clase, así que les pregunté a unos cuantos a la salida del instituto. Uno me dijo que era porque yo le había robado el novio a una amiga. Le demostré que era mentira, yo nunca había tenido novio y no conocía a ese chico, pero el rumor al parecer siguió. Empezaron a decirme cosas por Facebook, y una noche también me dejaron mensajes en el móvil. Me llamaban "robanovios". Mis padres fueron a hablar al colegio, pero fue peor, porque la tutora hizo un careo entre la que había dicho eso y yo, y, no sé cómo, la creyeron a ella, que se echó a llorar. Después de hablar con los profesores empezaron a llamarme "puta" y a hacer dibujos de mí haciendo "cosas sexuales", y se lo pasaban por el móvil, y me decían que ya los tenían casi cien personas. Estuve dos semanas sin ir al colegio y mi madre me llevó a un psicólogo, pues estaba mal, ya que yo sabía que era mentira lo que decían de mí. Por suerte, toda mi familia estaba de mi lado. Al final tuve que cambiarme de colegio porque mis padres denunciaron al anterior y a las que eran mis amigas, y ahora no me gusta, aunque mis compañeros no me molestan. De tanto en tanto, todavía me siguen llegando algunos SMS con invitaciones sexuales de desconocidos, pero se los reenvío a mis padres, les hago una foto y los borro.»

El *ciberbullying* no es un fenómeno reciente, pero sí el acoso sexual en la red durante la primera adolescencia. Si bien el *ciberbullying* tiene los mismos actores que el *bullying* —uno o varios acosadores, una o varias víctimas y un grupo de apoyo al acosador—, y a simple vista también se parece en su dinámica, hay que destacar dos aspectos importantes: uno, que mientras el *bullying* nace fuera del aula pero explota en ella, el *ciberbullying* entre adolescentes, por el contrario, nace generalmente en el aula o en grupos de estudio o actividades compartidas, y explota en la vida personal e íntima de esos mismos alumnos. Dos, que a cada minuto puede haber más y más testigos que se transforman a su vez en acosadores. Por tanto, la destrucción emocional y social de la víctima se produce en muy poco tiempo porque la violencia se expande como la radiactividad. Cuando interviene el acoso sexual en la red, aún es más rápido, y con la misma rapidez la autoestima se ve terriblemente dañada, porque se difunden fotos privadas o comprometidas, o *collages*, o vídeos a través del móvil o en internet. Se chantajea o amenaza por medio de llamadas o mensajes atacando la vida sexual de la acosada, se roba la contraseña para acceder a su correo electrónico a fin de realizar en su nombre invitaciones sexuales masivas, o se le amenaza con algún tipo de violencia sexual a él o ella o a su familia.

Para tu bloc de notas...

Los acosadores sexuales en la red, sean o no adolescentes, casi nunca dan la cara, pero ello no impide que aumenten los seguidores de sus «hazañas» y su fama, por más que sean producto de un narcisismo exacerbado y una frialdad inimaginable. Cuando se habla de acoso sexual en la red no se trata solo de chicos o chicas con trastornos del comportamiento. Estamos hablando de narcisistas violentos a quienes favorece el anonimato, o bien violentos que pueden llegar a grabar sus hazañas, incluidas las de índole sexual y contra alguien de su edad, y colgarlas en la red, algo que ya es denunciable. Debe existir un trabajo por parte de las familias y las instituciones educativas que permita recordar a la víctima quién y cómo era antes de ser acosada, donde haya un compromiso serio de las instituciones en lo relativo a la prevención del *bullying* y el *ciberbullying* mediante programas de prevención y actuación que no pongan en riesgo al grupo, sino que sean los adultos quienes tomen las medidas adecuadas, educándolos al mismo tiempo para el aprendizaje social, e incluyendo la educación de la sexualidad. Fundamentalmente, porque el ciberacoso y el acoso sexual están entre los adolescentes más presentes de lo que pensamos o creemos, y en la mayoría de los casos puede estar ocurriendo durante mucho tiempo de un modo sutil antes de que los padres o los profesores se enteren. Es por esto por lo que hay que enseñar a distinguir el acoso sexual en la red, a fin de que nuestros hijos sepan qué hacer si alguien los coloca en su punto de mira. Este es el decálogo:

1. Di a tu hija o hijo que no responda los whatsapps, los SMS, los correos, ni nada que provenga de las redes sociales. El objetivo es no darle al acosador o acosadores un poder que no tienen.
2. Demuéstrale que él, o ella, no es el problema.
3. Explícale que es importante que no borre nada, que pida ayuda a padres y profesores, y que envíe a sus padres los textos de acoso.
4. Explícale que no es una buena idea dejar de asistir a la escuela y ocultárselo a los padres.
5. Pídele que intente actuar con calma y que no responda a las provocaciones, que ante los insultos y amenazas no reaccione de forma impulsiva, sobre todo si sabe quién es el responsable porque está en su misma clase, por ejemplo.
6. Otra acción importante es que eviten las redes sociales, aunque pueden dar su contraseña a los padres para que hagan un seguimiento y cortar la

agresión de raíz, cambiando contraseñas y borrando a quienes ejercen acoso sexual en la red.

7. Otro aspecto importante es limpiar el ordenador con un antivirus en busca de espías, así como mandar un mensaje al responsable técnico de las páginas para avisarle de los contenidos falsos y pedirle que los elimine.

8. Puedes inspirar a tu hija o hijo para que escriba una suerte de reglamento personal y lo pegue bien a la vista cerca de su ordenador.

9. Indícale que no acepte ni se escriba con extraños, incluso con gente con la que tal vez lleva tiempo sin conectarse, porque en la red todo el mundo es un extraño.

10. Prohíbele que le dé a nadie, ni siquiera a sus amigos, datos, sobre todo de carácter personal, o contraseñas, ya que en la red hay muchos extraños que pueden utilizarlos en su contra.

Y, por supuesto, denuncia.

9

Probar por... ¿probar?

La sexualidad entre los 15 y los 17 años

> El mito de la belleza multiplica la violencia simbó-
> lica en todas las clases sociales. La belleza para las mu-
> jeres y los músculos para los varones son como un
> refugio de los viejos estereotipos. Frente a un mundo
> cada vez más complicado en el que a cada uno le cues-
> ta encontrar su lugar, el hecho de controlar el propio
> cuerpo es también una manera de controlar el mundo
> que se nos escapa. Es un universo de enraizamiento y
> una manera de no desaparecer, de dar una definición
> mínima de sí mismo, y es una de las dificultades para
> construir una identidad en el mundo de hoy...
>
> DAVID LE BRETON

Todos los padres saben que el principal trabajo de los adolescentes consiste en cuestionar el mundo de los adultos. De hecho, lo único que suele haber detrás de sus críticas es defender su privacidad y su vida sexual. Así pues, en esta etapa el trabajo de los padres consistirá en aparentar desinterés sin dejar de darles nuevas herramientas. Un pacto de silencio que solo sirve para que ellos sientan que nada les impide decidir qué hacer con su sexualidad.

Hasta aquí, todo políticamente correcto.

Ahora imagina por un instante qué ocurriría si una noche, durante unas maravillosas vacaciones, tu hija o hijo de 16 años te dice que se va a dormir a casa de un amigo o amiga, y al día siguiente te enteras por casualidad, al oír una conversación telefónica, que ha asistido a una fiesta donde se practicaba sexo.

¿Cómo afrontas la noticia cuando al cabo de diez minutos se sienta a la mesa y cena en familia con una sonrisa como si nada hubiera pasado?

¿Sigues aceptando el pacto de silencio indefinidamente?

Respira hondo. Piensa.

¿Sabes la respuesta?

Evidentemente, la respuesta es «No».

Los padres pueden inmiscuirse en la vida de sus hijos. Es más, deben hacerlo. Al menos mientras sean menores.

También, seguramente, habrás podido comprobar que cuando tomas conciencia de que tu hijo o hija empieza a tener una vida sexual activa, te invade toda clase de sentimientos . Y si no lo asumes, en algún momento prepárate para escuchar: «Con mi sexualidad hago lo que quiero.» Y tendrá razón, siempre que te calles el «pero no ahora».

Ten en cuenta que la mayoría de los adolescentes que se han iniciado sexualmente no cuentan sus dudas, ni sus miedos, ni sus conflictos emocionales. Y mucho menos si han consumido o consumen algún tipo de estimulante, o algún medicamento para evitar el embarazo, o si han ido a ver a su médico para tomar la «pastilla del día después», cuando creías que solo iba porque le dolía el estómago.

¿Sigues pensando que son ellos los que deben dar el primer paso hacia la construcción de nuevos códigos de confianza? Ten presente que entre los 15 y los 17 años hay una gran predisposición a probarlo todo, y mucho más en relación con todo aquello que rodea la sexualidad. En esta etapa ya no se trata tanto de comprender lo que pasa por su interior o cómo ayudarlo a que se acomode mejor a un cuerpo que está cambiando, sino de ayudarle a amortiguar y poner en práctica sus propios valores en una sociedad que cambia permanentemente, que le demanda nuevas formas de relacionarse, y en la que debe empezar a saber cómo integrarse a partir de lo que es, en lugar de funcionar en una única dirección: estímulo-respuesta.

Tu hijo o hija vive, se desarrolla y se relaciona en una cultura hedonista que empuja a gozar a cualquier precio, donde la relación con el propio cuerpo la decide la moda. Un cuerpo que puede ser permanentemente «rectificado» por la gimnasia, los fármacos o la cirugía, y que solo después de ello es cuando muchos jóvenes se sienten libres y plenos. «El cuerpo es un objeto a someter, no para vivir con él con alegría», dice David Le Breton, profesor de sociología y antropología en la Facultad de Ciencias Sociales de la Universidad de Estrasburgo. O un cuerpo al que se modifica fácilmente dejando de comer o atiborrándose de comida.

Hacia una visión más amplia de las presiones sociales

En esta etapa, no es solo la publicidad la que imprime su sello en la representación que los adolescentes hacen de cómo quieren ser. Una gran mayoría asimilan pasivamente mensajes que no siempre son un reflejo de lo que los jóvenes sienten y piensan, sino lo que la economía desea que sientan y piensen, es decir, atenuando o impulsando determinados comportamientos. La economía decide cómo tiene que ser también la sexualidad de nuestros hijos. Y esto es algo que ocurre desde diferentes soportes (televisión, revistas, los carteles del metro; desde cualquier ángulo visible o audible), a través de los cuales se presiona y condiciona a los jóvenes para que consuman. Y si el sexo se ha convertido en un bien de consumo, qué mejor que la etapa de la adolescencia para apelar a las inseguridades sexuales, propias de la edad, para lograr que sean consumidores de primer orden. Por ello no hay que olvidar que los mensajes que transmiten los anuncios no solo se refieren al producto. El producto ofrecido tiene que activar la identidad, la construcción de género. Una promesa de belleza para las adolescentes tiene hoy mucho más trabajo detrás que la promoción de un ídolo de moda. «Existe una cosa llamada belleza, que es sagrada y que las mujeres deben aspirar a alcanzar», dice Naomi Wolf en *El mito de la belleza*. Pero hay más. A las adolescentes se les enseña, desde edades tempranas, a entender su cuerpo tal como el *marketing* desea. Basta con ver los anuncios de compresas y cómo activan los sentimientos de vergüenza en relación con la menstruación. ¿Hay algo o alguien en la sociedad actual que diga a las jovencitas que la menstruación no es algo sucio y repugnante? No. De modo que desde pequeñas aprenden a poner el *locus* (lugar) del control interno fuera de sí mismas. Otros opinan sobre su cuerpo, otros les dicen... El lugar donde aprenden a poner el control sin duda está condicionado por los mensajes dirigidos por la economía competitiva y la publicidad. No en vano dice John K. Galbraith, refiriéndose al apetito desbordado de los consumidores: «Si la producción debe aumentar, hay que idear necesidades de un modo eficiente...» ¿Y qué mejor necesidad que no querer sentirse excluidas?

De hecho, la vergüenza que se activa en las adolescentes puede llegar a límites increíbles, y en esta etapa es imprescindible que madres e hijas hablen de ello, porque más que nunca estas necesitan aceptar y respetar su cuerpo. De la moda del implante de mamas se ha pasado al odio a los muslos. A los 12 años las niñas ya se miran en el espejo y juzgan su cuerpo como partes que pueden subirse, bajarse, empequeñecerse o agrandarse, y desde los 15 años empiezan a pensar que no estaría mal dejar de comer una semana para perder rápidamente unos cuatro kilos, porque ven su cuerpo «desfigurado». Pero ¿desfigurado en relación con qué? ¿Sabemos las consecuencias que tiene todo ello en la adolescencia? Hay pocos datos. Lo que sí que sabemos es que estas modas no paran de dar pasos hacia la modificación del cuerpo. Cada vez más chicas menores de 18 años recurren a la cirugía porque también se avergüenzan de sus genitales. Ya no se trata de compresas extrafinas para liberarlas de malos olores, ahora las adolescentes piden en masa labioplastias. Desde 2014 en Estados Unidos está creciendo el número de adolescentes que se someten a una cirugía genital para modificar o hacer más pequeños los labios menores de la vagina, razón por la cual la Sociedad de Cirugía Plástica Estética de Estados Unidos (American Society for Aesthetic Plastic Surgery)[23] pide que padres y educadores incluyan en la educación de la sexualidad hablar de la vagina y su relación con el placer, ya que en apenas dos años ha habido un aumento del 152 % de la demanda en pacientes de estas edades. De hecho, en la mayor parte de los programas escolares para preadolescentes consultados, si bien en muchos de ellos se menciona la vagina, se pasa por alto el clítoris, así como los labios mayores y menores. No se hace conscientes a las chicas de su existencia como parte de la estructura de sus genitales, con lo que no es de extrañar que, llegada la adolescencia, sientan que tienen algo extraño, sencillamente —porque es extraño aquello que les resulta desconocido—. De hecho, los profesionales de la salud especializados en adolescentes piden que se incluya en la educación sexual de las chicas la idea de que, así como cada persona es diferente, tampoco los genitales pueden ser exactamente iguales a ningún modelo. El único objetivo es frenar la triste idealización que de sus genitales están haciendo las adolescentes, y a edades tempranas.

¿Cómo recuperar el respeto al cuerpo y el valor que

23. <http://www.bbc.com/mundo/noticias-39193465>.

este tiene para el desarrollo en esta etapa en que se sienten libres de decidir? Sin duda, hablando claro, también sobre esto. El profesor de sociología y antropología David Le Breton advierte de los nuevos excesos a que se exponen los adolescentes, que evolucionan entre la voluntad de un control absoluto y el narcisismo. De hecho, los adolescentes varones están percibiendo el cuerpo solo como material somático. Con la musculación manifiestan su masculinidad, la emplean para entenderse «entre varones» y para ser entendidos y «registrados» como ellos desean por el entorno, modelando el cuerpo de un modo fragmentado. Un cuerpo atlético y sin grasa, con hombros y pecho desarrollados, abdominales marcados, brazos fuertes con bíceps y tríceps bien definidos y piernas bien formadas, fuertes y atléticas, es lo que hoy se considera atractivo y, por tanto, lleva al éxito. Son los cimientos sociales para una identidad sólida, capaz de borrar con una imagen de fuerza todo vestigio de vulnerabilidad. Un cuerpo musculado para la conquista y para mostrarlo entre iguales, afirmando el concepto de que ser varón va mucho más allá de no ser mujer.

«El cuerpo es un objeto imperfecto —dice Le Breton—, un borrador por corregir. ¿Qué hace la cirugía estética? Se intenta cambiar el cuerpo para luego cambiar la vida.» Por último, no hay que olvidar que en esta etapa es cuando se dispara la tendencia a tener más ciberamigos y una mayor cibersexualidad. Con los ciberamigos y la cibersexualidad no hay riesgos, no hay que salir en busca del otro, de modo que el sexo pierde su valor de encuentro.

¿Sin interés por el sexo?

La «anorexia sexual», descrita por el doctor Patrick Carnes en 1997,[24] se refiere al rechazo de contacto sexual, «al estado obsesivo en el cual la tarea física, emocional y mental de evitar el sexo domina la vida de alguien», lo que no debe confundirse con la disminución del deseo, sino con la desaparición del deseo.

El diario de la Asociación Médica de Norteamérica describe que la padecen, en mayor o menor medida, cuatro de cada diez mujeres y tres de cada diez hombres, y que también comienzan a padecerla adolescentes. Las razones para que esto ocurra pueden ser variadas. Hasta ahora se pensaba que solo se debía al excesivo consumo de pornografía a través de internet desde edades tempranas, alterando así los canales del placer, lo que acaba por generar un descenso de la libido e incluso disfunción eréctil, tal como demostró un estudio realizado en 2011 por la italiana Asociación de Andrología y Medicina Sexual dirigida por el investigador Carlo Foresta en el año 2011, que reveló que quienes consumen con regularidad pornografía entre los 14 y 15 años, tienden a padecer disfunción eréctil cuando rondan los 25. Así pues, la causa no es tanto fisiológica como psicológica, ya que tras muchos años de consumo lo que se inhibe es la respuesta natural del cerebro a la estimulación sexual. El placer sexual nace en el cerebro cuando este segrega un neurotransmisor, la dopamina, que se activa ante la no-

24. Carnes, Patrick. J., *Sexual Anorexia: Overcoming Sexual Self-Hatred*, Hazelden Publishing, Minnesota, 1997.

vedad, la sorpresa y la ansiedad. Al acostumbrarse a la excitación a través de la pornografía, la respuesta es cada vez más difícil.

En los adolescentes, los grados de desinterés se expresan con frases como «desde hace mucho tiempo no tengo ganas» o «estoy en una etapa en que no me interesa».

Si bien Jean Twenge, profesora de psicología de la Universidad de San Diego, autora del libro *Generación Yo*, afirma que los nacidos entre los años 1980 y 2000 tienen menos encuentros sexuales que la Generación X, la de las personas nacidas entre 1960 y 1984, lo cierto es que la «anorexia sexual» en adolescentes tiene también otras causas, específicamente las relacionadas con el amor y las redes sociales.

Diversos estudios demuestran que el cibersexo, la sexualidad sin cuerpo, no solo elimina el riesgo del encuentro, sino que a largo plazo elimina casi todo, como si el eros digital se convirtiera, al cabo de un tiempo, en algo insípido y, por lo tanto, mucho menos apetecible, aunque más cómodo.

Algunos adolescentes suelen llevar en silencio la anorexia sexual y fingen que lo pasan de maravilla, lo cual es más complicado de simular en los varones.

Para el prestigioso sexólogo alemán Volkmar Sigusch, la segunda revolución sexual, la «neosexual», no solo ha reemplazado la liberación sexual de los años sesenta y setenta, sino que tiene características propias. Una de ellas es que la vida en el siglo XXI es vaciada y llenada por estímulos sexuales, y nuevamente vaciada. Se trata de una escenificación que nace de la mercadotecnia y de la difusión electrónica, por lo cual el erotismo y el placer son rápidamente rechazados. Podría decirse incluso que este mecanismo es mucho más eficaz que la represión si se quieren anular los deseos y el placer corporal.

Existe una anestesia social del cuerpo sexuado y de la exaltación de las emociones que permanentemente pone el acento en el no encuentro con el otro. Los adolescentes crecen en un mundo en que la reproducción y el sexo van por senderos separados: es posible tener hijos sin intervención del acto sexual, así como «producir» hijos después de la muerte, y ya se ha fabricado un útero artificial y se está trabajando en el desarrollo de embriones. El otro se desdibuja. El erotismo se desdibuja, el deseo cambia de categorías... Así y todo, las causas por las que los adolescentes pierden el deseo son muchas y muy variadas:

- Cuando ha habido frustración, por desatención o por falta de cariño.
- Cuando ha habido una o varias experiencias malas.
- Cuando ha habido una educación familiar o religiosa muy represiva y el sexo significa algo oscuro, maligno y sucio.
- Cuando se ha obligado a alguien a desempeñar un papel de sometimiento y el rencor se manifiesta con la falta de deseo.
- Cuando hay depresión.
- Cuando se percibe una sensación permanente de no lograr dar la talla.
- Cuando las primeras experiencias sexuales comienzan a los 12 o 13 años y a los 22 ya se ha probado todo.

En general, la falta de deseo sexual no parte solo de compararse con ideales inalcanzables de un sexo perfecto por exceso de mala información o de información sesgada. En realidad, los adolescentes hablan de sexo, pero de un modo superficial, más fetichista si se quiere, donde se da prioridad a unas partes del cuerpo en detrimento de otras, y no hablan en absoluto de lo que sienten. En sus contactos de la vida real hablan menos de sus sentimientos, de sus emociones y sus dudas verdaderas... Y si, además no hay un adulto cercano que se atreva a enfocar la sexualidad de niños y adolescentes de otro modo, las malas experiencias sexuales entre los 16 y 17 años abundan, tal vez porque el sexo se considera, desde hace muchos años, una actividad de riesgo. Algunos jóvenes se inician en grupo con la misma prostituta y sin preservativo, lo que es igual de suicida que correr en una moto o un coche a alta velocidad después de haber ingerido alcohol, o peor. En el extremo opuesto, unos pocos jóvenes parecen haberse acostumbrado a sentirse muy incómodos por hallarse inmersos en una cultura que promueve incansablemente el sexo, y se adaptan a sentirse inhibidos. Parecen fríos e insensibles, pero solo se trata de un escudo de defensa. En esto, raramente tienen que ver las creencias religiosas, la culpa o la vergüenza. Se trata de hastío, un sufrimiento silencioso, un secreto tan desgarrador como íntimo que no confían a nadie, y que cada vez más adolescentes padecen. Como el esplín de Baudelaire, el hastío, que solo encuentra salida a la repetición monótona en la evasión.

Para tu bloc de notas...

La falta de deseo, tan alarmante entre los adolescentes como la falta de placer (experiencias *low sex*), sin duda va en aumento desde hace más de una década. ¿Qué pueden hacer los padres? En primer lugar, asumir que durante la adolescencia del hijo deambularán entre la sorpresa y la desilusión, entre el enojo y la secreta certeza de que tal vez no haya aprendido a poner en práctica todo lo que le han enseñado. Y es que el arte de apoyar a los hijos en la elección de sus propios valores no es fácil. Te exige tener confianza en su capacidad de escoger lo que necesita en cada momento, en su capacidad de discernimiento y en su capacidad para no dejarse influir fácilmente por la sociedad que le ha tocado vivir. Así que ahora...

- Infórmale.
- Ofrécele tu ayuda.
- Comparte tus valores.
- Dale pistas para que se tome en serio el tema de su sexualidad.
- Exprésale tu amor.
- No le prohíbas estar con sus amigos, excepto que haya en ello un grave riesgo objetivo.
- Pon bajo llave las amenazas, y no las dejes salir por nada del mundo.
- Recuerda que tienes la responsabilidad de ayudarle a tomar buenas decisiones sexuales.

Conquistar con «ayudas»...

Los chicos y chicas sin pareja a menudo llegan a la conquista tras haber consumido alcohol, éxtasis u otro tipo de estimulantes. Generalmente, la idea de que van a tener algún tipo de encuentro sexual es para ellos razón más que suficiente para decidir si consumir o no. En otros casos, porque no quieren parecer diferentes del resto de sus colegas.

La idea preconcebida de que solo van a pasar un buen rato no importa cómo, a veces incluye mantener sexo con un desconocido o desconocida, y para ello es importante desinhibirse a fin de vivir el presente al máximo y hacer cosas para las cuales no siempre están preparados.

El hechizo del grupo, el sentido de invulnerabilidad, el sentir que ya no son pequeños, los lleva a creer que, pase lo que pase, pueden controlar su vida. Este es quizás otro de los puntos importantes que los padres necesitarán reforzar en sus hijos, principalmente porque, si saben que estos tal vez formen parte de un grupo donde la mayoría consume alguna sustancia, deben enseñarles a ser responsables y saber qué hacer.

Sí, ayudarlos, aun en esos momentos en que el grupo tiene tanta fuerza (o la parejita casual), a que tengan claro el porqué de sus decisiones.

Por ejemplo, cuando alguien le dice a tu hijo o hija que vivirá una experiencia única, genial, divertida o impresionante si consume una pastilla o toma drogas o alcohol, que se pregunte: «¿Es esto lo que deseo? ¿Tengo que correr un riesgo innecesario para conseguir una noche de sexo? ¿Tengo que pasar por una experiencia desconocida, como es el mundo de las drogas, para una noche de sexo? ¿Necesito pasar por dificultades para vivir experiencias intensas?»

Enséñale que a diario se encontrará con este tipo de propuestas, y por más que ya se las hayan hecho y se lo hayas explicado, es imprescindible que hable de ello. A esta edad ya es posible que tengan cada tanto un breve trabajo temporal y dispongan de algo de dinero. De hecho, algunos padres han contado para este libro que su hijo o hija había empezado a consumir éxtasis cuando trabajó durante el verano.

Ayúdale a comprender que quizá crea que pierde mucho si las deja, pero que en realidad gana. Así que ayúdale a conseguir esos otros logros (ser más natural, más espontáneo) en otra parte, como participando activamente en grupos ecologistas, de ayuda a niños en situación de riesgo, etc. El objetivo es que pueda pensar en perspectiva, que aprenda a enriquecer su vida con experiencias positivas, en las que no dependa de la admiración de una noche. Es evidente que no se trata de preguntarle una y otra vez si se droga y, mientras tanto, pasar por alto otros aspectos de su vida. Al contrario, se trata de transmitir el mensaje de que, si desea practicar buen sexo, lo que nunca debe hacer es tomar alcohol o drogarse.

Tampoco habría que olvidar que son muchos los mensajes relativos a «vivir a pleno pulmón» que les llegan a través de las letras de las canciones que escuchan repetidamente y que retroalimentan el deseo de libertad.

Luis, 16 años. «De hoy no pasa que lo haga», dice Luis refiriéndose al sexo. Es el único del grupo que aún no ha salido con una chica, aunque a sus amigos les haya hecho creer que sí. Luis no está diciendo que solo irá a bailar o ligar, o a mantener una relación sexual, sino que probará aquello que sus amigos y conocidos comentan y él nunca ha probado. Ve el sexo como una panacea, y por eso dice: «Solo es posible con una pastilla de éxtasis.» Cree que es lo que necesita para dar la talla ante sus amigos, ante su potencial pareja. Luis, como la mayoría de los jóvenes, cree que no puede quedar mal ante la chica si se le presenta una ocasión de mantener relaciones sexuales. Luis es un chico como todos, buen estudiante y que se relaciona con el mismo grupo de amigos desde que tiene 7 años, todos viven cerca de su casa o en su mismo edificio.

Algunas estadísticas sobre sexo relacionadas con el consumo de alcohol y drogas afirman que el riesgo a tener actitudes o experiencias que luego ni recuerdan, como no saber si han usado preservativo o no, o contraer enfermedades de transmisión sexual, aumenta considerablemente cuando hay de por medio drogas o altas dosis de alcohol, cuando tras una borrachera no saben con quién o quiénes han llevado a cabo un encuentro sexual. En tales circunstancias, también el riesgo de embarazo indeseado aumenta de forma considerable.

Las chicas suelen ver en la píldora del día después, que toman sin control ninguno, una salvación inmediata. Pero después de pasado el susto, una vez consumida, nada impide que al fin de semana siguiente vuelvan a usar estimulantes para tener buen sexo. No es de extrañar que la mayor parte de las llamadas a los teléfonos de información sexual para jóvenes que hay en nuestro país se produzcan mayoritariamente los lunes, cuando desesperadamente piden cualquier cosa para tomar «por si» pudieron haber hecho «algo» que no recuerdan.

De hecho, algunas estadísticas fiables demuestran que en las grandes ciudades europeas un 41 % de los jóvenes de entre 14 y 19 años dicen que sus compañeros beben o consumen drogas «con mucha frecuencia» antes de mantener relaciones sexuales, y que solo el 1 % nunca las ha probado. Por otra parte, no hay que olvidar que la mayoría de los jóvenes viven con la misma sensación de logro la primera borrachera que la primera relación sexual. Sin embargo, después de esta suele haber un período de abstinencia, algo normal en la adolescencia, lo que no ocurre con el alcohol ni las drogas.

Para tu bloc de notas...

Las drogas que estadísticamente más consumen los jóvenes son el hachís y la cocaína. Sin embargo, lo que más se oye es alcohol, hachís y pastillas. Las anfetaminas son estimulantes, pero, al día siguiente, son depresores del sistema nervioso central, con lo que las relaciones entre ellos se ven muy influidas por las fuertes variaciones en el estado anímico con que se enfrentan a su vida diaria.

¿Sabes si tu hijo consume estimulantes?
Las parejas de adolescentes que mantienen relaciones sexuales no siempre lo hacen por enamora-

miento, a veces también por solidaridad, por complicidad o, como se ha explicado, por mera curiosidad. También hay otra variante: que lo hagan debido al consumo de drogas. Es lo que llaman «recursos». Algo más de un 30 % de los adolescentes entrevistados confirmaron que sus compañeros beben o consumen drogas para tener relaciones sexuales los fines de semana, y para ellos eso significa controlar, con el único objetivo de disimular el miedo al rechazo. Incluso chicos y chicas de 14 años ya acostumbran a beber alcohol «solo durante los fines de semana». Esto demuestra, entre otras cosas, que la percepción de los riesgos respecto de estos estimulantes es mínima. No comprenden que, del consumo de los fines de semana, pensado para buscar sexo casual, pasarán rápidamente al consumo entre semana, y así cada vez más, porque se habrán convertido en adictos. Este es un tema muy interesante para proponérselo como motivo de reflexión. El hecho de que algunos adolescentes consuman alcohol y drogas para tener sexo no implica que lo que busquen sea sexo placentero, comunicarse con el otro y conocerlo. Desean placer y sexo inmediatos, sin importar el tipo de experiencia ni el después; con drogas o alcohol, lo urgente es satisfacer la necesidad.

David, 18 años. Asegura que tener una relación de una noche es una cosa más, «como beber, bailar o fumar tirado en un rincón, no hay nada de especial. Yo bebo mucho, y a veces consumo, pero porque no hay otro modo de pasarlo bien».

Si tu hijo tiene un modo similar de entender la diversión, aprovecha para explicarle que el alcohol, en reducidas cantidades, puede ser que levante el estado de ánimo, por acción de las betaendorfinas que se liberan, transmisores de recompensa del cerebro que causan sensación de euforia y reducen la vivencia del estrés. Las personas con un estado de ánimo poco positivo intentan levantarlo a base de alcohol.

El hecho de que esto suceda con el primer vaso de alcohol no significa que siga ocurriendo si se bebe más, porque es entonces cuando se reduce enormemente la producción de betaendorfinas. Si intentan que se produzca de nuevo el efecto de felicidad, beben más, pero en realidad el alcohol es un depresor del sistema nervioso, por lo que reduce la capacidad de respuesta ante cualquier situación, y no solo la respuesta sexual, sino cualquier tipo de respuesta que se necesite en un momento dado.

La euforia rápida es lo que lleva a muchos adolescentes a creer que el alcohol es ideal para ligar, y que sea la droga más consumida, también entre los adolescentes y preadolescentes. Los chicos ansiosos por la imagen pueden ser más propensos, o los tímidos, ya que rápidamente se sienten desbordados. A veces es la falta de pertenencia a un grupo lo que les lleva a consumir, creyendo que de ese modo pueden hacerse un sitio, y confunden sentirse admirados y aceptados con que todos rían sus gracias o compartan momentos que luego ni recordarán.

Para tu bloc de notas...

La Organización Mundial de la Salud (OMS) entiende que droga es «toda sustancia que, introducida en el organismo por cualquier vía de administración, produce una modificación de su funcionamiento natural». La mayoría de los adolescentes entrevistados que usaban estimulantes consumían cannabis, y lo hacían porque, según ellos, les resultaba muy barato. Solo algunos chicos dijeron haber consumido cocaína o éxtasis. La razón de por qué lo hacen sea posiblemente la de querer ser como creen que la sociedad les exige, adolescentes «con marcha». También porque el cannabis se ha convertido en una moda, incluso entre los compañeros de instituto. Por tanto, no se trata de jóvenes marginales en algún sentido, al contrario, pueden ser incluso chicos que estudien o trabajen y sean un ejemplo para su familia. El Observatorio Español sobre Drogas recoge las motivaciones que estos jóvenes argumentan para justificar su consumo. Un 46,1 % responde que por diversión. Un 39,5 % busca experimentar nuevas sensaciones y conseguir el placer ahora, de inmediato, como cuando era pequeño y tenía todo a su alcance. La mayoría de los adolescentes que consumen este tipo de sustancias consideran que lo hacen porque es parte de la juventud, de la etapa que les toca vivir. Otros se disculpan asegurando que solo consumen los fines de semana, y solo éxtasis porque es afrodisíaco.

Jessica, 18 años. «Si no fuera porque alguna vez me tomo algo, creo que no tendría amigos. Todos mis amigos consumen.»

Carlos, 16 años. «Yo no estoy enganchado. Los drogatas son los que consumen heroína.»

¿Existe alguna relación entre la edad media del inicio al consumo (14 años) y su uso para mantener una relación sexual? Quizá la respuesta más acertada sea que un adolescente llevará a cabo este ritual si su grupo lo hace con esos fines. Si de algún modo se ha convertido en un ritual mediante el cual el chico o la chica sienten que pertenecen a algo. Cuando se trata de otro tipo de drogas, como las pastillas de éxtasis, algunos chicos y chicas salen de casa el viernes, enlazan con el sábado y regresan el domingo. En ese tiempo, las pastillas euforizantes —que, recordemos, no son consideradas droga por los propios chicos y chicas— están a la orden del día. Algunos dicen tomarse tres o cuatro en una noche con el objetivo de experimentar felicidad sin cansancio, pero después hay otro efecto: depresión, irritabilidad, dolencias de hígado o riñón, taquicardias, aumento de la presión arterial, temblores, náuseas, pánico, e incluso la muerte.

Los adolescentes deben saber que las pastillas se convierten en un billete para huir del mundo de los padres, de la realidad y de los propios estados internos. Las últimas campañas de publicidad de la Fundación de Ayuda contra la Drogadicción insisten en que padres e hijos deben hablar, comunicarse...

Es importante que los padres sepan detectar los cambios en el estado de ánimo de sus hijos, si se muestran ansiosos por obtener más dinero, si roban (incluso a los padres) o si tienen las pupilas dilatadas.

¿Qué harías si tu hijo o hija te dijera que ha mantenido sexo después de haber consumido algún estimulante? Espera a que te cuente más antes de actuar, no lo agobies con preguntas. Lo mejor es tener la mente serena para saber cómo ayudarle, y la boca un poco cerrada, aunque te cueste. Obtén la mayor información que puedas y trata de que no se cierre en banda. Muéstrate más preocupado en ayudar correctamente que en sermonearle.

Nunca ha habido un abismo mayor entre una generación y otra

Tal vez más de una vez has oído esta frase; sin embargo, es una verdad a medias. A veces el problema es que los padres están desconcertados porque han dejado de ser la única autoridad que escuchan los jóvenes, no saben cómo enfocar ciertos temas, y por ello se sienten perdidos. Veamos algunas diferencias y coincidencias significativas:

- Los jóvenes de hoy, como los de antes, necesitan evadirse, aunque hay sutiles diferencias. En la actualidad parece que se han acostumbrado a sentir que viven en diversos lugares ficticios. El de los videojuegos, el del chat, el de internet... Lugares donde los padres no están y, por lo tanto, no tienen ni voz ni voto. En la actualidad, los padres deben hacerse un espacio en la vida de sus hijos para dialogar sobre los temas que estos necesitan. Por ejemplo, sobre las drogas. A diferencia de lo que se cree, puede ser que les cueste hablarles a sus hijos sobre esto porque ellos también fumaron porros (cannabis) en su adolescencia. Pero si es así, lo que deben tener en cuenta es que lo que consumen los chicos de hoy está muy adulterado, así que hay que hablarles, en especial de las consecuencias, porque el cannabis suele ser el primer paso antes de otras drogas como la cocaína o la heroína.

- Es evidente que antes como ahora no todos los jóvenes que salen a divertirse practican sexo y consumen estimulantes. La mayoría sale con la intención de hacer algo diferente, que tenga cierto misterio, que los haga sentirse más libres, disfrutando de la decisión de usar el propio tiempo. Lógicamente, ello no impide que los padres les informen de las sensaciones aparentemente positivas de los estimulantes y sobre su cara oscura.

Para tu bloc de notas...

Algunos padres creen que, como sus hijos hablan poco, no tienen conflictos ni están en un grupo donde se consuma algún tipo de estimulante. Esto, si bien puede ser verdad, no es lo común. Tomar la iniciativa para hablar del tema implica reflexionar primero sobre las propias actitudes, como tener claro qué se les va a decir. Por ejemplo, mostrarles la otra cara de la versión que les puede llegar de sus amigos.

- El éxtasis, también llamado «droga del amor», puede ayudar a expresar emociones, pero, lejos de favorecer el disfrute de las relaciones sexuales, disminuye la respuesta sexual. Hay que aclararles que siempre será más productivo entrenarse en expresar emociones y estar en plena facultad a la hora de practicar sexo. También es importante saber manejar la presión de la pareja (sea o no casual) a la hora de consumir. Y, por supuesto, los padres deberían hacer hincapié en cómo las drogas y el alcohol podrían afectarles al cerebro.

- El éxtasis, para seguir con el mismo ejemplo, no es inocuo. No se puede hablar de inocuidad en relación con sustancias que actúan sobre el cerebro. Es interesante hablar con tu hijo sobre los beneficios que él considera que le proporciona el consumo de drogas, lo que te abrirá la puerta para que le expliques las verdaderas consecuencias. Háblale de ello sin tapujos. Y no olvides que los adolescentes creen que solo son drogodependientes los que consumen heroína.

- Explícale que ser dependiente implica una pérdida de control y una dependencia, y que esta se produce según el tipo de droga. Se puede ser adicto al cannabis, al alcohol, al tabaco... Las investigaciones demuestran que hay policonsumo (ej.: alcohol, tabaco y hachís), es decir, pueden aparecer cuadros de dependencia simultánea a varias sustancias. Incluso al sexo, o a las relaciones perjudiciales y dañinas.

- Explícale que la persona que comienza a consumir generalmente no lo hace por vicio, sino porque desea quedar bien ante los amigos y no tiene otras habilidades.
- Respecto al alcohol, infórmale sobre sus efectos. La defensa metabólica ante el alcohol es más baja en menores de 17 años, por lo que su consumo en estas etapas de la vida puede producir más fácilmente alteraciones orgánicas y/o psicológicas, así como llegar rápidamente al coma etílico. También la escasa ingesta de comida, la poca masa corporal y la combinación con bebidas carbonatadas acelera su asimilación.
- Cuando el alcohol es utilizado entre los jóvenes para superar emociones molestas, no superan las circunstancias de vida problemáticas generadoras de estrés, sino los estados emocionales negativos que de ello se derivan. El consumo de alcohol, al permitirles reducir la atención sobre sí mismos, les permite sentirse mejor debido a que se liberan de la valoración negativa que hacen de sí mismos.

Algunos temas complementarios que también puedes hablar

- El alcohol y las drogas no forman parte de la diversión. Ser joven y tener capacidad de decisión no implica hacerse daño. Explícale que cada uno puede aprender la propia forma de experimentar la sexualidad más allá de los estereotipos. Nadie nace sabiéndolo todo ni nada en la sexualidad es tan perfecto.

- El mejor argumento para contrarrestar la idea de que quien consume solo lo hace el fin de semana, consiste en recordarle cuántos fines de semanas hay en un año, y sumarle las vacaciones, con lo que la situación de riesgo es mucho más elevada de lo que él considera, y la dependencia igualmente llega.

- Explica a tu hijo que existen distintas estrategias para reducir el consumo de alcohol.

- Creer que beber alcohol ayuda a conseguir amigos es una creencia falsa. La capacidad para hacer amigos depende de las habilidades sociales. Los que creen que consiguen amigos porque consumen alcohol casi nunca llegan a ser adultos bien adaptados.

- Explícale que es mentira que tomar una copa puede ayudar cuando las cosas van mal. Generalmente, ese es el camino que elige el alcohólico. Luego encuentra excusas para sentirse mal y autorizarse a beber.

- En lugar de decirle «no bebas», enséñale a decidir por adelantado si va a beber o no alcohol. En caso afirmativo, ayúdale a que piense qué cantidad no le gustaría sobrepasar. Y que beba un cuarto de litro de agua cada seis o siete tragos pequeños de alcohol, siempre el mismo y sin mezclar bebidas alcohólicas.

- Que pruebe en la próxima salida a consumir bebidas sin alcohol y practicar mezclas de «bebidas sin». Si ha decidido beber alcohol, que alterne el consumo de bebidas con y sin alcohol en la proporción de una «con» a tres «sin».

- Explícale que lo más inteligente es retrasar el inicio de la toma de la primera copa. Si quiere entrar en calor, que consuma algo caliente.
- Explícale que es conveniente beber a pequeños sorbos, haciendo durar más la bebida.
- Que en la próxima salida pruebe a cambiar el tipo de bebida a otro de menor graduación.

Métodos que usan los adolescentes para evitar el embarazo

La mayoría de los adolescentes, tanto chicos como chicas, no tienen conciencia de que la primera relación sexual es una experiencia vital que requiere una serie de condiciones previas. El hecho de que los adolescentes no contemplen que no se trata solo de perder la virginidad, de un reto, de una proeza, ni de una huida hacia delante para evitar el ridículo, sino de una relación en que necesitan ser correspondidos en el amor, en el afecto, sugiere que es absolutamente necesario el diálogo con ellos.

Los padres necesitarán explicarles a sus hijos o hijas adolescentes que no se puede llegar a una relación sexual bajo presión o con sentimientos de culpabilidad, pues de ese modo la experiencia se transforma en algo negativo.

Ahora bien, una vez tomada la decisión, los métodos más usados por los adolescentes para evitar embarazos y contagios son:

Método 1

La forma de «protegerse» más frecuente es el *coitus interruptus*, lo que ellos llaman «hacer el famoso» o «la marcha atrás», que consiste en eyacular fuera de la vagina. Esto en ningún caso los protege de contagios ni del riesgo de embarazos, porque eyacular fuera no implica que no haya habido pérdidas de semen dentro y, debido a que muchas veces después del acto sexual los adolescentes no se lavan, sino que solo se limpian, si vuelven a penetrar hay un alto nivel de riesgos.

Encuestas realizadas entre adolescentes demuestran que un 30 % de jóvenes de ambos sexos entre los 15 y los 19 años utilizan este método como único anticonceptivo, por lo que no es de extrañar que el número de embarazos indeseados vaya en aumento. Algunos chicos y chicas reconocen que hay métodos más seguros, pero el hecho de que muchos de sus amigos recurran a él y «les funcione» hace que no se planteen más cuestiones. Algunos varones, por su parte, consideran que la responsabilidad de usar métodos anticonceptivos es de las chicas, mientras que estas creen que es de ambos. El problema es que ni unos ni otros reciben información ni un seguimiento por parte de sus padres, incluso en temas básicos como el hecho de que los preservativos no se pueden guardar en cualquier sitio, o cómo y cuándo deben colocarse.

Método 2

Cada año abundan las estadísticas sobre cuánto sexo practican los adolescentes españoles. Sin embargo, lo que debería importarnos es en qué condiciones lo hacen y de qué información disponen. La actitud despreocupada de los chicos y chicas en este sentido es solo una muestra más de esta falta de conciencia, ya que para ellos tener una relación emocionalmente importante equivale a «no tener necesidad de cuidarse». La creencia de que es imposible quedar embarazada durante los tres días antes y los tres días después de la menstruación está haciendo verdaderos estragos entre las jóvenes.

Para tu bloc de notas...

Lo ideal es explicarle a tu hijo o hija que lo mejor es esperar a ser adulto para iniciar la actividad sexual. No obstante, la explosión hormonal y la falta de control de impulsos son terreno abonado para dejarse llevar por las tentaciones, así que es muy probable que la iniciación en el sexo sea temprana. Hay que explicarles que el azar no es un método.

También que la automedicación y las modas de consumo están haciendo mella en la salud de las jóvenes, ya que no se sabe qué efectos produce en el cuerpo la mezcla de pastillas para evitar embarazos. Saben que debe tomarse antes de que pasen las 72 horas, pero no mucho más. De hecho, los profesionales de la salud observan que la demanda de la píldora poscoital aumenta progresivamente entre las adolescentes, una demanda que crece después de los períodos de selectividad y en época de Semana Santa o en Navidad, es decir, en períodos cortos de vacaciones. Pero esto no es todo. La píldora de «la salvación», como la llaman las adolescentes, no es un recurso excepcional, sino que se está convirtiendo en el más famoso y empleado. No la consumen solo en caso de urgencia ante un coito de riesgo, como un fallo de alguno de los métodos de barrera (preservativo). Si bien suelen decir que se les rompió el preservativo, lo cierto es que se usa indiscriminadamente. La mayor parte de las veces, las compran sin ninguna garantía a otras chicas que las venden en las discotecas. La demanda permanente demuestra que hay poca prevención, por ejemplo, en el uso de anticonceptivos orales, especialmente entre las más jóvenes, que la consumen porque algo han oído hablar. También debería tenerse en cuenta que las adolescentes suelen tener ciclos irregulares y que veces mantienen relaciones con parejas esporádicas cuya fertilidad es desconocida, con efectos secundarios desagradables, en especial gastrointestinales, que afectan a más del 50 % de las pacientes, en particular náuseas y vómitos.

También es relativamente frecuente la aparición de dolor en los pechos y cuadros de tensión mamaria. Por otro lado, en ocasiones se producen alteraciones en el ciclo menstrual, bien con adelanto de la regla, bien con retraso de hasta cinco días. Otras alteraciones que se pueden producir en la menstruación son un aumento o una disminución de la cantidad de flujo sanguíneo. Otros trastornos de menor frecuencia e importancia son cefaleas, mareos, etc. Por fortuna, los centros sanitarios están tomando medidas para frenar la picaresca que hay en torno a las pastillas del día después.

¿Cómo es posible que algunas chicas consigan pastillas del día después sin acudir a los centros de planificación? ¿Quién las vende? Sin duda, el hecho de que ahora quienes vayan a por la pastilla deban tomarla delante del sanitario que se las proporciona es un paso importante para que no exista esta especie de mercado negro entre las chicas que las consumen como si se tratara de caramelos. No hay que olvidar que hasta hace poco algunas chicas iban a buscarlas con su cartilla diciendo que eran para una amiga. Incluso hay que recordar que algunas las toman sin saber si las necesitan. Habla con tu hija de los riesgos de comprar fármacos que se venden por internet para evitar embarazos. Algunos chicos y chicas inmigrantes, acostumbrados a utilizar métodos difundidos en sus países (Cuba, Ecuador, Colombia, Guatemala, o procedentes de culturas orientales), usan «drogas que compran por internet» para provocar la pérdida de los embarazos. Todas son peligrosas, la mayoría producen hemorragias y peligros para la vida de la madre y, en caso de no producir el aborto, sí que producen malformaciones en el feto. El uso de estas sustancias como método abortivo está prohibido, ya que no se trata de la píldora del día después.

- Háblale a tu hijo del papel que desempeña el amor en la sexualidad, lo cual abre la perspectiva no solo hacia una mayor conciencia de sí mismo, sino también de la pareja. De hecho, el diálogo que el adolescente tenga con sus padres entre los 13 y los 15 años le posibilitará tener o no una buena educación sexual, si ha sentido que podía confiar en ellos algunas de sus experiencias íntimas. Hablar sobre las prácticas sexuales y los métodos de anticoncepción con los hijos es fundamental.

- Cuando estés ante un adolescente, no olvides que aún es necesario ayudarle a discernir qué es cierto y qué no lo es. Este es el mejor momento para hablarles abiertamente de las relaciones sexuales plenas, pero ligadas al afecto, a los sentimientos y al amor. Se pueden plantear estos temas cuando se vea una información en la tele o en una película, en lugar de establecer encuentros con fecha y hora. Los padres necesitarán estar atentos más que nunca a las oportunidades que surjan de hablar de relaciones sexuales y sus vínculos con la responsabilidad. Hay que saber escuchar y transmitir confianza. Ante todo, debe quedar claro que le quieres.

- Hablar sin rodeos a tu hija. Ella tiene que saber que si durante la etapa de ajuste hormonal (que dura, como promedio, dos años) su ovulación durante el período menstrual coincide con una relación sexual sin preservativo, aun cuando sea la primera, el resultado puede ser un embarazo. En cualquier caso, si tu hijo o hija quiere saber sobre métodos anticonceptivos, lo mejor es que acudáis juntos a un especialista, que aconsejará qué hacer. En el caso de tu hija, es probable que quiera entrar sola en la consulta. Si es así, respétala. El médico dirá qué anticonceptivo recomienda, seguramente aquel que posea las siguientes características: seguro, inocuo y aceptado por la paciente. Actualmente, el método anticonceptivo más conocido y seguro en esta etapa es la píldora anticonceptiva, pero a lo largo de la vida sexual también hay otros recursos, como el dispositivo intrauterino (DIU), el preservativo y el diafragma. Estos dos últimos deben usarse con cremas espermicidas a fin de reforzar su eficacia. Menos conocido es el preservativo femenino, del cual el médico seguramente también hablará. Los métodos basados en el conocimiento de los períodos fértiles femeninos no son muy seguros; entre ellos, el método Ogino, el método de la temperatura basal, o el Billings o método del moco cervical. Son inseguros debido a que el ciclo menstrual de la mujer puede variar por diversos motivos.

- Tal vez va siendo hora de reforzar algunas ideas que ya saben, como el hecho de que la calidad del amor no depende tanto del tiempo que estén juntos como de la conexión emocional. Tú, como madre o padre, sabes que los romances adolescentes son cortos porque lo que verdaderamente están buscando es descubrir quiénes son, qué valoran y qué caminos tomarán en su vida, pero ellos no lo saben. Por tanto, necesitan que se les recuerde que es necesario poner límites, porque entre los 14 y los 17 años ningún amor de pareja exige sacrificar estudios, profesión, vida social y hasta las ganas de vivir. Es necesario ayudarles a poner el amor en su sitio, aunque la sociedad los empuje a «el amor es lo primero». Es tarea de los padres enseñarles un significado inteligente de la experiencia afectiva. Esto no implica que el amor no sea apasionante y placentero, pero si es recíproco, no puro «dar», tiene que saber que en la adolescencia no es necesario establecer un compromiso formal y pensar en tener hijos para poder experimentar sentimientos de atracción apasionados.

A menudo, en lo que concierne a la vida sentimental o sus problemas personales, los adolescentes no confían fácilmente en sus padres, en particular cuando uno o ambos tienen un modo muy estricto de entender la sexualidad. En estos casos, la consulta con el médico es indispensable. Y porque cuando llega la noticia del embarazo los padres no saben qué hacer. De hecho, cuando la chica se entera, el impacto psicológico suele ser tan fuerte que el estrés y la ansiedad la llevan a actuar de forma irracional. La decisión de tener o no tener el bebé comporta replanteos morales que pueden llevarla a sacar conclusiones apresuradas y actuar en consecuencia. La poca ayuda social que suele haber para ellas y la sensación de que la sociedad las señala, tal vez las lleve a valorar la posibilidad de estar embarazadas en secreto. Por su parte, las consecuencias para el chico también deben ser tenidas en cuenta, ya que es muy probable que le afecten muchas de las consecuencias psicológicas, sociales, económicas y educativas. Muchos de ellos arrastran durante años un gran sentimiento de culpa.

Y es que en la sociedad actual, por más que el neomachismo esté en auge, hay un aspecto fundamental relacionado con la masculinidad que aún no se está enfocando en profundidad en las escuelas ni en las familias: su fragilidad. Una fragilidad que se deja ver en la forma en que buscan construir una imagen social, y también intrapersonal. Ellos no tienen un ritual de paso como lo es la menarquia en las chicas durante la pubertad o la adolescencia inicial. Por eso, lo que les marca el paso a la vida adulta es la primera relación sexual, pero a veces tienen tanto miedo a no dar la talla que exageran las consecuencias del hecho de «fallar», y como contrapartida se aferran a los estereotipos masculinos, creyendo que a más relaciones con mujeres, más seguridad de que son hombres.

Con los hijos varones es importante hablar de la sensación de fracaso, de las presiones sociales y de cómo se superan. Y explicarles que en verdad siempre se trata de nuevos aprendizajes, que no hay ningún momento en la vida en que se esté libre de fallos. Pero que en cualquier caso hay fallos que pueden evitarse si se razonan...

Conversa abiertamente y sin tapujos sobre el embarazo adolescente

Últimamente ha disminuido la edad en que los jóvenes se inician sexualmente y han aumentado de forma preocupante los embarazos no deseados entre los miembros de dicho colectivo, con graves consecuencias personales, familiares y sociales. Es evidente que, además de informar a las adolescentes sobre la salud reproductiva, hay que poner el foco en sus vidas, en sus creencias, actitudes y valores, en las influencias sociales del círculo cercano; también en el nivel de confianza con sus padres, con la pareja, con las amigas y los amigos... Lo más importante es conocer sus aspiraciones y, a partir de ahí, ayudarles a pensar en perspectiva.

Cuando los padres se enteran de que su hija adolescente está embarazada o que el hijo va a ser padre, la primera reacción suele ser de desconcierto. Luego sobrevienen las preguntas acerca de con quién, desde cuándo, etc. Pocas veces se plantea un discurso alternativo para emprender otros acercamientos, probablemente porque se cree que la mayoría de las adolescentes entre los 15 y los 18 años quedan embarazadas sin desearlo ni pensarlo. Se habla de falta de concienciación, de dejarse llevar por los impulsos, de una verdadera falta de información, o de poca comunicación con la familia. También se pone el acento en las experiencias sexuales tempranas: cada vez más chicas han experimentado el sexo antes de los 16 años, y también en factores externos que son los causantes de esta situación, como el consumo prematuro de alcohol o drogas. Llegados a este punto, los padres también saben que estos desencadenantes tal vez no sean los únicos. De hecho, muchos embarazos adolescentes se podrían evitar poniendo los medios adecuados, y si se hubiera hablado con naturalidad del tema en el seno de la familia.

Ahora bien, una excelente estrategia para la prevención es hacerle pensar en el bebé. Infórmale de que los embarazos adolescentes suelen traer aparejados no solo efectos socioeconómicos, de salud y psicológicos para la madre, sino también para el hijo y el padre adolescente, sus familias y, desde luego, para la sociedad. Puede haber un parto prolongado y difícil, con hemorragias o infecciones, o enfermedades congénitas. Para el bebé, hay muchas posibilidades de que el parto sea prematuro o que tenga bajo peso al nacer. Socialmente, se produce abandono escolar e inserción laboral temprana con escasa preparación, lo que afecta al desarrollo personal de las adolescentes que han dado a luz, entre otras cosas porque a causa de ello crecerán menos que los miembros de su grupo, algo importante para la autoestima e identidad personal en la adolescencia. También hay variaciones en los vínculos familiares, que pueden ser positivas por la llegada de un nuevo miembro a la familia, o negativas en determinadas circunstancias, ya que es probable que la madre no pueda proveer todo lo que necesita un niño pequeño y tenga que recurrir a sus padres. Las adolescentes que ya han sido madres tienen que saber que, desde el momento en que se reinicien las relaciones sexuales con penetración, deben usar métodos anticonceptivos para evitar otro posible embarazo. Recuérdale, por ejemplo, que si se mantienen relaciones sexuales con cierta regularidad y no se usa ningún método anticonceptivo, la probabilidad de embarazo es en torno al 8 % en un año. La elección que la reciente madre adolescente haga de uno u otro método, a partir del período de cuarentena, dependerá de múltiples factores, como la frecuencia de las relaciones, la edad, las preferencias personales, etc. Pero esto es solo un aspecto. Ante un embarazo inesperado, las adolescentes sufren serios trastornos psicológicos, como ansiedad, desesperación, sensación de no tener salida, agudos sentimientos de culpa por haber fallado a los padres, conflictos familiares, a lo cual se une muchas veces el abandono de la pareja o no querer asumir su paternidad, así como abandono escolar. Además, el futuro de una joven embarazada se ve seriamente comprometido en cuanto a sus oportunidades tanto de estudio como laborales, ocasionando un cambio drástico y, a veces, frustrando su proyecto de vida. Al presentar una mayor frecuencia de partos prematuros y bebés de bajo peso, se añade, en este último caso, el dolor de tener que dejar al hijo en una unidad de cuidados intensivos, así como el experimentar cambios emocionales propios de una madre que también es prematura psicológicamente. Y hay otra consecuencia añadida: el alto índice de lesiones cerebrales en el bebé a causa de haber nacido en condiciones de prematuridad.

¿Y el padre?

Si tu hijo adolescente va a convertirse en padre, ten por seguro que serás la última persona en enterarte, probablemente porque la mayoría no confían en que los padres pueden ayudarles. De alguna forma, la necesidad de autonomía personal y la confianza en los iguales solo se centra en las sensaciones propias del enamoramiento y la atracción sexual. Incluso puede haber un apego importante a los padres que, paradójicamente, les haga estar menos seguros de que puedan entender lo que sienten.

Alfredo, 20 años. Mi primera vez fue a los 17 años y con una chica que era tres años mayor que yo. En casa nunca se hablaba de sexo, así que desde la adolescencia me las ingenié como pude. Ahora soy papá, la madre de mi hijo me lleva cinco años, y no me arrepiento de nada; mi hijo tiene un año y cuatro meses y se llama Pablo. Ya no estoy con ella, pero no me arrepiento, porque creo que Pablo es lo mejor que me ha pasado. Aunque no lo veo desde hace más de un mes porque se fueron a vivir a otra ciudad con los padres de ella, tengo su teléfono para llamarlo, y le mando algo de dinero cuando voy consiguiendo trabajos. Creo que tiene mucho que ver la manera en que te crían tus padres. Mi padre siempre me decía: «Te comportas como un hombre, ¿verdad?»

La falta de conciencia acerca de la paternidad responsable es, sin duda, uno de los factores que llevan a los chicos a no usar preservativo. También la necesidad de aprobación social para sentirse autónomos y autosuficientes, porque ellos deciden cómo quieren vivir el placer, y lo cuentan a sus amigos, así que entre fanfarronadas acaban hipotecando su futuro. Es la misma dictadura masculina que les impide hablar en público de sus inseguridades y fracasos, en especial con otros hombres, por lo que casi nunca plantean sus dudas ni siquiera a los teléfonos de información sexual para jóvenes. Sus preguntas se centran en cuestiones como la eficacia en función del tamaño del pene, en la forma de este o en cómo proporcionar placer a la pareja, pero nunca en cómo evitar ser padres a los 16 años. No hay que olvidar que la autoestima de los chicos que se definen como heterosexuales depende del éxito en la respuesta sexual, y la consecuente ejecución, con la obligación de proporcionar placer. Es por ello que entre las expectativas masculinas el tema de la paternidad sigue considerándose un «accidente» más que una consecuencia.

Es por esta razón que hay que empezar a educar a los jóvenes en la necesidad de que se planteen el porqué de la resistencia masculina a no prevenir la anticoncepción, lo que los responsabiliza en un 50 % si la pareja queda embarazada. Algunos chicos encuestados dijeron que usar condón era un acto de sumisión, como si al «hacer lo que otros dicen» perdieran masculinidad. En otros casos, porque se generaba con la pareja (casual o no) una lucha de poder, o una crisis debido a que ella desconfiaba de que él hubiera estado con otras.

Para tu bloc de notas...

Ni las familias ni las instituciones ven con buenos ojos la sexualidad activa en la adolescencia, pero saben que no pueden impedirla. En algunos casos buscan retrasarla o limitarla mediante la «educación del silencio» (de eso no se habla), o con mensajes disuasorios que ponen el énfasis en los problemas y peligros asociados a ciertas prácticas y conductas.

Pero si las causas del embarazo no deseado en la adolescencia se relacionan exclusivamente con la falta de información por parte de los padres, o con falta educación sexual adecuada, menos distorsionada que la procedente de internet, aumentando la ilusión de que «saben lo que hacen», o porque se sienten invulnerables («eso les ocurre a otros, a mí no»), el tema es por qué lo hacen.

En los últimos diez años existe una moda que empieza a extenderse entre las adolescentes y no responde a ninguna de estas causas: un deseo genuino de ser madres, en buena medida como un modo de alcanzar una identidad personal a partir de la identidad femenina tradicional, la misma que hasta no hace mucho concebía la maternidad como el eje alrededor del cual se articulaba la femineidad.

Hoy, cuando ya no es privativo de las mujeres ser madres, cuando se habla de úteros artificiales, cuando la biomedicina y las técnicas de reproducción asistida han desplazado hacia un lugar —todavía desconocido— el poder de la maternidad, y, con ello, el poder de una identidad social, cuando la maternidad empieza a dejar de ser fuente de reconocimiento, algunas adolescentes perciben que solo pueden encontrarse a sí mismas y descubrir una identidad desde el rol de madre.

De hecho, todo el mundo recuerda a las jóvenes de la pequeña localidad de Gloucester, en Massachusetts, que en 2008, con solo 16 años, pactaron quedar embarazadas sin otro interés aparente que poder criar a sus hijos juntas, y para conseguirlo se valieron de la ayuda de un mendigo de 24 años, que hizo que varias de ellas quedaran embarazadas, con el riesgo de abuso y transmisión del sida. En ese momento, todas dijeron sentir que habían pasado la barrera de la niñez. Su conducta se reprodujo posteriormente en muchas ciudades del mundo, reivindicando siempre la conquista de una identidad. La maternidad, que durante los siglos XIX y XX fue exageradamente erigida en el pilar de la identidad femenina, hoy está en manos de la tecnología; de hecho, los procesos de reproducción ya no están asociados necesariamente con el cuerpo femenino. La fabricación de un útero artificial y la medicina reproductiva han desplazado el lugar de la mujer como portadora única de vida. ¿Se trata de una consecuencia más del ideal globalizado de un cuerpo joven y femenino que no cambia, no huele y no sangra, que está llevando a muchas adolescentes, entre los 12 y los 18 años, a vivir con verdadera dificultad la propia corporeidad? ¿O es consecuencia de no aceptar el aspecto biológico y biográfico, lo que dificulta el proceso natural de integrar el impacto del nuevo cuerpo que necesariamente cobra forma desde los 9 o 10 años? Alcanzar el desarrollo de un cuerpo adolescente diseñado por el *marketing*, reelaborado por la técnica, y emulado por adultos que recurren a la cirugía para parecérseles con el fin de ocultar el paso del tiempo, incluso vistiendo o comportándose como ellos, no debe de ser fácil para las chicas ni los chicos. Para ellas, porque se frena la adquisición de nuevos significantes sobre quiénes son y cómo y para qué se desarrollan sus órganos internos, así como dar un sentido a su sexualidad, sus deseos, lo que las llevaría a respetarse y ser respetadas... Es para pensarlo... y mucho.

«¿Por qué mi hijo me lo tuvo que decir?»

«Mamá, papá, este es mi novio.» Esta fue la frase que Raúl, de 14 años, dijo a sus padres el día que les presentó a su amigo Víctor.

La primera a la que se lo conté fue a mi amiga Rosa. Mi amiga es hetero, pero era la única persona que sabía que me iba a comprender, ella es muy sensible y nada cerrada. Después lo ensayé con mi grupo, pero yo dije de entrada que me gustaban los chicos, dije que era bisexual, para ver cómo caía, y no tuve ningún rechazo. Poco a poco, con el tiempo pude decir la verdad. Fue entonces cuando pensé que con mi familia ocurriría lo mismo, pero no fue así. Un día llevé a mi novio a casa y enseguida me trataron como un vicioso, como si yo estuviera las veinticuatro horas del día practicando sexo. De pronto dejé de ser un buen estudiante, un buen deportista, un buen hijo y un buen hermano. Ahora solo era homosexual. Después mi familia lo entendió, pero tuve otro problema, me di cuenta de que, en mi grupo, cuando estábamos solo los chicos, quiero decir, sin las chicas, me dejaban de lado. Ahora mi vida sexual es estupenda, suelo tener parejas estables, y no me gusta andar hoy con uno y mañana con otro, por eso del sida. Salgo por las noches y frecuento bares gais, pero nada más.

Cuando un hijo dice esto es por varias razones:
- Porque en efecto es homosexual.
- Porque lo ha meditado mucho antes de comunicarlo.

- Porque no puede callarlo por más tiempo.
- Porque desea ser honesto con sus padres y no mentirles.
- Porque no desea que se burlen de él sus compañeros, ya que ello conlleva una gran sensación de culpabilidad y vergüenza.
- Porque está asustado.
- Porque tiene miedo de que su familia no lo entienda.

Los padres que valoran la honestidad de su hijo también tendrán que prestarle ayuda e información, más que reñirle o poner en tela de juicio sus sentimientos, independientemente de que ello no sea fácil. Puede que la noticia sea solo un gran peso para los padres y no una oportunidad para conocer mejor al hijo, y si es así, el diálogo puede ser muy difícil. No obstante, intenta demostrarle cuánto le quieres sin importar lo que acaba de revelar, si lo que deseas es que esté informado sobre cómo cuidarse y sobre los riesgos de contagio. Si no lo sabe, proponle averiguarlo juntos en una biblioteca o en la consulta de su médico de cabecera.

En cualquier caso, no pienses nunca que tu hijo es gay...
- por tu culpa,
- porque has hecho algo mal.

Tú eres una madre o un padre maravilloso y tu hijo va a ser un maravilloso adulto como tú. Así de simple. Tu mejor contribución para con tu hijo es quererlo e inspirarlo para que sea la mejor versión de sí mismo. La contribución emocional más importante que cualquier padre puede hacer a la vida de sus hijos es quererlos. Eso has hecho y vas a seguir haciéndolo, porque contándotelo te está demostrando que necesita más amor y apoyo que nunca. Y, por supuesto, deja de lado las ideas descabelladas que te pueden hacer creer que alguien está «lavándole el cerebro a tu hijo». La elección de tu hijo no es reciente, él se dio cuenta probablemente hace mucho tiempo de que las cosas funcionaban así en su interior, pero seguramente no lo tenía claro.

En ocasiones, el ser humano busca chivos expiatorios cuando quiere negar la realidad, pero ello no conduce a nada. De modo que, si esta idea te obsesiona, respira profundamente, párate unos instantes y pregúntate a ti mismo: «¿Cuándo tomaste una decisión consciente para ser heterosexual, para ser atraído solo por personas del sexo opuesto? ¿Verdad que no lo hacías por ser rebelde? ¡Pues claro, fue un hecho natural!»

De igual modo, no pienses que la homosexualidad es el resultado de haber tenido un padre débil y una madre dominante como sin duda habrás oído o leído hasta el cansancio. Esos mitos hace tiempo que cayeron por su propio peso. Quienes lo afirman suelen tener una agenda oculta en la que prevalece la desinformación y una ideología homofóbica. Así como ni tú ni nadie puede elegir quién te excita físicamente, tampoco tu hijo. Decirle que sentirse atraído por personas del mismo sexo es erróneo o pecaminoso resulta menos efectivo que hablarle del respeto por sí mismo y de los beneficios de una conducta responsable. Demuéstrale que él no ha podido prevenir ni cambiar estos sentimientos, pero que su vida puede ser realmente dolorosa si no habla de sus sentimientos dolorosos, si no se cuida o si no usa preservativos.

«Mamá, soy lesbiana»

Independientemente del barrio y la condición social, las adolescentes lesbianas no tienen hoy las cosas claras en lo que respecta a su vida sexual. Si bien la mayoría de las entrevistadas se sienten libres, mantienen relaciones abiertas y sin culpa y no creen que puedan contraer enfermedades de transmisión sexual porque están desinformadas, lo cierto es que la mayoría necesita tener padres que las acojan y comprendan su identidad.

Lidia, 17 años. «No somos una moda ni bichos raros, aunque no me importa mucho lo que opinen los demás. Mi novia, Teresa, se siente bien conmigo y yo con ella. Muchas de las que hablan no se animan a probar. No nos cuidamos de un posible contagio porque sabemos que no tenemos otras parejas ocasionales.»

Verónica, 14 años. «Nos enrollamos en el insti. Ella es perfecta. En casa me matan si lo descubren. No creo que haya que temer a contagios de nada, somos muy jóvenes. Nos gusta estar juntas, eso es todo.»

La mayoría de los jóvenes gais y lesbianas crecen bien adaptados y emocionalmente equilibrados. La mayoría tienen trayectorias exitosas y vidas familiares felices. No obstante, si bien no puede decirse que en los grupos en que los chicos y chicas homosexuales se mueven haya segregación de algún tipo, lo cierto es que tampoco hay información sobre riesgos de contagio, emocionales o sociales. La televisión, principalmente, transmite una mirada permisiva. Sin embargo, las chicas homosexuales no obtienen a través de ese medio la información necesaria. Y es que no se trata solo de la exploración de un nuevo cuerpo, nuevas sensaciones o nuevos modos de relación, se trata de ir definiendo la identidad sexual y saber qué excita. También puede tratarse de que se quiera imitar a una mujer famosa y que sea un deseo pasajero. En cualquier caso, no hay que obligarse a mantener relaciones sexuales si no se desea. Pero si ello ocurre igualmente hay que informarse para experimentar la sexualidad como un elemento más de su vida, de su quehacer cotidiano, permitiéndose un pensamiento reflexivo y crítico, fomentando:

- La conciencia de la igualdad entre hombres y mujeres, favoreciendo la consolidación de los derechos humanos en la práctica cotidiana.
- La posibilidad de acceder, pedir, generar y compartir con otros información veraz, libre de mitos o estereotipos en torno a la sexualidad integral.
- La posibilidad de reconocerse como un ser sexuado capaz de actuar desde esa lógica.
- El conocimiento de su cuerpo como un medio para alcanzar la autovaloración, la autoestima y el cuidado de uno mismo.
- La posibilidad de vivenciar su sexualidad de forma libre, placentera y responsable en relación consigo mismo y los demás.
- La comunicación dentro y fuera del ámbito familiar, valorando a todo interlocutor con independencia de su edad, sexo o condición.

Para tu bloc de notas...

Su decisión de contártelo tal vez te haya generado muchos temores. A veces puede ser prudente que lo hables con un médico de familia, por si no te sientes bien con la noticia. Sabes que si otras personas se enteran, tal vez tu hijo tendrá que luchar contra la discriminación y los prejuicios, y eso solo puede ser salvable si puede contar incondicionalmente contigo.

No puedes decirle a tu hijo que sea honesto y proclame a los cuatro vientos su tendencia sexual, particularmente cuando las consecuencias pueden ser tan devastadoras si se produce un rechazo entre sus iguales, en el colegio o en el vecindario. Si no lo hay, mejor. Tu hijo crecerá mucho más fuerte moralmente si él mismo decide cuándo contarlo o si tú haces la revelación con su permiso, si simplemente puedes decirlo sin preguntarle.

No obstante, no olvides que en la adolescencia lo más probable es que la homosexualidad tenga más ingredientes de romanticismo y amor que de sexo. Los adolescentes homosexuales no son pervertidos ni adictos al sexo. Son chicos deportistas, buenos hermanos, excelentes amigos, compañeros, hijos llenos de creatividad... Por otra parte, la homosexualidad es un fenómeno que se da en todas las culturas, y el modo en que se la trate dependerá del mayor o menor número de traumas que sufren quienes la viven.

La historia de Jorge, 18 años. Cada viernes por la noche Jorge se reúne en casa de su amigo Raúl con Roberto y Enrique. Allí comienza, alrededor de las diez y media, la ardua tarea de maquillarse. Se ayudan entre ellos con esmero y delicadeza. Poco a poco va tomando forma esa mujer fascinante que desean ser. Luego, los cuatro salen a divertirse por Sevilla.

El cambio de sexo de Jorge y sus amigos no es solo un juego o una diversión, sino un placer. Jorge desea ser como Barbra Streisand. Su travestismo es el resultado de las nuevas influencias culturales que se han puesto de moda entre los adolescentes. La madre de Jorge espera que su hijo se «cure», y no hay manera de hacerle entender que no hay nada que curar. Él se siente bien cuando cambia su aspecto físico. Le encanta disfrazarse, es extravagante. Le apasionan sus plataformas y llamar la atención por la calle con sus amigos. Por supuesto que a ti —como a la madre de Jorge— tal vez no te guste que tu hijo se vista así, o que se comporte de esa manera, pero tu hijo es un ciudadano que tiene el derecho de expresarse. Los padres, a veces, tienen que apartarse y «dejar hacer» a su hijo, sencillamente. Mientras no haga daño a nadie... Probablemente, fuera de estas salidas, Jorge se divierte con la misma pandilla que los otros chicos, le gusta la pizza y las hamburguesas con mucha mostaza picante, y realiza las mismas actividades escolares que los otros chicos.

Esto es lo que puedes hacer si te sientes mal en compañía de la pareja de tu hijo homosexual:

- Respira profundamente y piensa en qué es lo mejor para él .
- Pregúntate por qué no te sientes bien. Si el compañero fuera del sexo opuesto, sin duda no le encontrarías tantos defectos. Intenta pensar que aceptar a su pareja puede ser beneficioso para la relación que tienes con tu hijo.

Imagina que...
- Tu hijo se muestra abiertamente gay ante todo el mundo.

Es probable que él no desee mantener su amor en secreto. Tú tampoco lo harías, ¿verdad? Se te notaría en la mirada, en la ropa, en la sonrisa; pues a él le ocurre lo mismo. Si todavía deseas que lo lleve oculto tal vez puede ser que realmente tengas un problema con respecto a la homosexualidad de tu hijo.
- Te dice que quiere irse a vivir con él.

Si es menor de edad, evidentemente puedes apelar a ese detalle, pero, de lo contrario, si cree estar enamorado, lo mejor que puedes hacer es apoyarlo.
- Te tortura la idea de que practique sexo.

Si es mayor de edad, se protege y no lleva una vida licenciosa, no tienes de qué preocuparte.

Para tu bloc de notas...

La preocupación por el bienestar de los hijos es una de las cuestiones más importantes. Por ello no hay que dejar de estar atentos a las cuestiones relacionadas con su vida afectiva, en especial cuando se trata de las primeras experiencias, ya que parece que saben exactamente qué hacer y cómo, pero, sin embargo, a menudo no se comportan con responsabilidad. Los dos puntos en los que resulta imprescindible hacer hincapié son: ser libre para amar y ser capaz de controlarse a sí mismo.

Por último, si tu hijo te confiesa su homosexualidad:

- Escúchale desde lo más profundo de ti, y no hables más de la cuenta. Él ya lo ha oído todo antes, créeme. No eres el primero en saberlo. Está bien que opines, pero si siempre estás hablando del mismo tema, lo único que lograrás es alejarlo de ti. Él creerá que estás intentando curarle de su homosexualidad, lo cual es una manera segura de perder toda posibilidad de comunicación e influencia positiva sobre él. Incluso da buenos resultados comentar las posturas que defienden la homosexualidad para que, de ese modo, se sienta comprendido.
- Aprende a hablarle desde el corazón. La mejor manera de saber de lo que estás hablando es visitando una de las muchas páginas de sexo seguro que hay en internet. Tienes que aprender sobre el tema si quieres tener credibilidad.
- Compréndele. Es fundamental. Apoyar a tu hijo implica aceptarlo completamente. Haz que sepa que le quieres, pero no en un contexto moralizante (eso es volver a molestarlo). Fomenta las relaciones du-

raderas y monógamas. Con los adolescentes esto es algo difícil de hacer, pero si aceptas a su pareja y fomentas relaciones a largo plazo, no solo estarás ayudándole en su crecimiento emocional, sino que reducirás las posibilidades de que sea infectado por el sida. A veces, regalarle un libro que hable del tema o sobre cómo lo vivieron otras personas puede ser de gran ayuda para que sienta que estás de su lado.

- Cuida tu lenguaje. Emplear las palabras «te prohíbo que...» garantiza que tu hijo lo hará de cualquier manera, particularmente si es todavía adolescente. Tu hijo seguramente tendrá relaciones lo quieras tú o no, y lo único que conseguirás prohibiéndoselo será alienarle. La manera de romper estos pensamientos es conocer los hechos y, entonces, sin regañar, fomentar los comportamientos que le permitan crecer emocionalmente sin correr riesgos. Esto lo puedes hacer siendo sabio y ganándote el respeto, más que ordenándolo. Si notas que en su actitud hay un tono como de pedir perdón, dale a entender que no tiene que pedirte perdón por nada.

- Comprométete con un proyecto antisida local y averigua si puedes integrar en él a tu hijo; este es un gran modo indirecto de seguir educándolo. Con ello, aprenderá rápidamente que te lo tomas realmente en serio. Enseñándole a ser voluntario también contribuirás en gran medida a su autoestima, que es un prerrequisito básico para autocontrolar la epidemia del sida. Si tu hijo descubre que hay enfermos de sida reales, aprenderá rápidamente que la enfermedad es real y él es vulnerable, especialmente cuando conozca gente de su edad. Esto pondrá en duda, de la mejor manera posible y más que cualquier otra cosa que puedas hacer, el dogma «soy inmortal». ¡Y dale un abrazo! ¡Hazle saber que lo quieres igual que siempre! Piensa que ahora él confía más en ti que antes y eso debe ser para ti un halago.

- Olvídate de las explicaciones. La homosexualidd no tiene una explicación. Las emociones amorosas son a menudo independientes de la razón. Dale tu apoyo y transmítele que estás de su parte.

- Si necesitas argumentos para demostrarle que te dispones a darle su apoyo, mira las series que muchos adolescentes ven, como *Faking it* (*Las farsantes*), en la que dos amigas adolescentes fingen una relación lésbica para ser más populares y llamar la atención en su escuela, en Austin, Tejas, hasta que después del primer beso una de ellas descubre que siente algo más. Esta serie ha abierto un gran debate sobre la homosexualidad femenina, que es mucho más oculta que la masculina en la etapa entre los 13 y los 15 años.

El inicio de la sexualidad de los hijos no es indicio de que ya ingresen en el mundo adulto

Tal vez la razón más importante por la que los padres no se atreven a hablar con naturalidad de sexo con sus hijos es porque creen que sus hijos ya ingresan en el mundo adulto, y esto les da cierto temor de no saber cómo manejarlo. Dejan que esta idea les impida ver cuánto les falta aprender y todo lo que aún pueden enseñarles, y que para pertenecer al mundo adulto también hay que madurar en otros temas, como:

- Aprender a crear relaciones positivas.
- Superar las experiencias negativas.
- Saber decir «no deseo», «no me gusta», «no quiero».
- No claudicar ante el primer fracaso y considerarlos como aprendizajes.
- Comprender que el sexo es algo que se aprende.
- Que en un encuentro sexual las dos partes son responsables.

Lo que inhibe a los padres a la hora de hablar con naturalidad de sexo con sus hijos es la convicción de que estos lo verán con malos ojos, o la mera idea de que sus hijos puedan gozar sexualmente, de modo que se refugian en eufemismos o recurren a evasivas que solo ponen más distancia y empeoran el diálogo, más aún cuando lo cierto es que los padres pueden decidir no hablar de sexo con los hijos, pero estos siempre estarán atentos a los mensajes que aquellos les transmitan acerca de la sexualidad. Un comentario a propósito de algo que ven en televisión, mientras hablan discretamente con algún amigo, cuando ocurre algo en el barrio, en la familia, en la cotidianeidad del hogar... Todos estos mensajes sexuales indican a los hijos cómo pueden o deben actuar ante la sexualidad. Constituyen una serie de autorizaciones y desautorizaciones permanentes que el adolescente toma como verdaderas, aunque parezca que el tema no va con ellos, o ni siquiera con los padres... Entonces, ¿por qué dejar que el silencio, a pesar de estos mensajes permanentes, siga siendo el único punto de partida?

No hay que olvidar que la sexualidad del mundo adulto también está cambiando, que los valores son cada vez más confusos. Los adolescentes escuchan que los adultos dicen que para ellos la vida sexual es importante, pero pocos reconocen que no tienen una sexualidad plena, y muchos se refugian en relaciones virtuales. O bien se esfuerzan por parecer más jóvenes y vitales porque secretamente creen que ese es un síntoma de buena sexualidad. Para otros, el sexo, solo se trata de una distracción, mientras que para algunos es verdaderamente «agobiante», o una obligación, o un medio solo para alcanzar un fin... Mientras tanto, la sociedad en que vivimos obliga a nuestros hijos a gozar a cualquier precio, gozar no importa cómo. Algunos adolescentes ciertamente puede que tengan padres que les aseguren que «el sexo es un tema importante para hablar con ellos», pero se limitan al sexo seguro y las explicaciones biológicas. En estos casos, son los propios padres los que desvirtúan la sexualidad, como los que creen que educarles en la sexualidad es darles consejos de sus experiencias personales privadas con lujo de detalle. Esto tampoco es información fiable. Y lo más importante, la coherencia. En la casa de Marc, de 14 años, su padre no permitía que se hablara de sexo y, sin embargo, se paseaba desnudo por la casa en verano para tomar el sol en la piscina, aun cuando el chico traía a sus amigas y amigos. Marc se sentía verdaderamente avergonzado y tuvo su primera experiencia sexual a los 18 años con una prostituta. Lo llevaron sus hermanos, de 22 y 23 años. Fue una experiencia que lo marcó para toda la vida. La madre de Josefina, de 13 años, nunca habló de sexualidad con su hija, y, sin embargo, el novio de la madre le hacía a la hija chistes de mal gusto relacionados con el tamaño de sus nalgas y su pecho, sin que la madre dijese nada, pero la avergonzaba y se sentía intimidada. La primera experiencia sexual de Josefina fue a los 15 años, y se trajo a vivir a su novio a casa de su madre para que le ayudara a soportar al novio de esta.

Y es que los padres no deberían olvidar que, cuando los jóvenes están menos informados, o se sienten más culpables o avergonzados en relación con su conducta sexual, menos pueden hablar de temas como la contracepción y la prevención del sida con sus compañeros sexuales, porque dedican su tiempo a saber lo que aún nadie les ha explicado. En cambio, una actitud natural hacia el sexo les permite no solo una mayor asimilación de información sobre la contracepción y el sexo sano, sino también abrir nuevos canales de comunicación con los padres a fin de poder entrar con menos peso y menos cargas al mundo adulto.

Bibliografía

ADLER, A., *El carácter neurótico*, Planeta-Agostini, Barcelona, 1985.

AGUILAR, M., LLANOS, J., y PACHECO, A., «Huellas imborrables», en revista *Psicogente*. n.º 8, 2001, pp. 17-25.

AICHHORN, A., *Juventud desamparada*, Gedisa, Barcelona, 2006.

ÁLVARO, J. L., GARRIDO, A., y TORREGROSA, J. R, *Psicología Social Aplicada*, Alianza Universidad, Madrid, 1997.

AMAR, J. J. y MADARIAGA, C., «El contrato Ciencia/ Sociedad y la atención integral de la infancia», *Revista Psicología desde el Caribe*, Universidad del Norte, n.º 12, 2013, pp. 52-75.

AMIN, S., *El desarrollo desigual*, Planeta-Agostini, Barcelona, 1974.

ANDRÉ, C., y PATRICH L., *El miedo a los demás*, Ediciones Mensajero, Bilbao, 1997.

ARMESTO, M., ABERBACH DE KRIMER, E., PUGLIESE,

E., y ROJAS, C., «Aspectos psicopatológicos del niño maltratado: tipología, psicodrama y campo de investigación psicosomática», en *Revista Argentina de Psiquiatría y Psicología de la Infancia y Adolescencia*. Assapia, n.º 1, Paidós, Buenos Aires, 1971.

AUSUBEL, D., y SULLIVAN, E., *El desarrollo infantil*, Paidós, Buenos Aires, 1980.

—, et al., *Psicología educativa*, Trillas, México, 1990.

BADINTER, E., «XY: La identidad masculina», Alianza, Madrid, 1992.

BANDURA, A., *Aggression: A social learning analysis*, Englewood Cliffs, Nueva Jersey, 1962.

BARBERA, E., *Psicología del género*, Ariel, Barcelona, 1998.

BARUDY, J., *El dolor invisible de la infancia. Una lectura ecosistémica del maltrato infantil*, Paidós, Barcelona, 2003.

—, y DANTAGNAN, M., *Los buenos tratos a la infancia*, Gedisa, Barcelona, 2005.

BAUMAN, Z., *Sobre la educación en un mundo líquido*, Paidós, Barcelona, 2013.

—, *Vida líquida*, Paidós, Barcelona, 2006.

BEARD, M. R., *Psicología evolutiva de Piaget*, Kapelusz, Buenos Aires, 1982.

BECK, U., y BECK-GERNSSHEIM, E., *Amor a distancia*, Paidós, Barcelona, 2012.

BEM, S., «Gender schema theory: A cognitive account of sex typing», *Psychological Review*, n.º 88, 1981, pp. 354-371.

BENNIS, W., *Cambio y liderazgo*, Deusto, Barcelona, 1995.

BERRY, J. W., *Let's talk about teasing, Children's Press*, Chicago, 1985.

BION, W. E., *Aprendiendo de la experiencia*, Paidós, Buenos Aires, 1966.

BIREN, R. L., *Nah, nah, nah!: A comprehensive teasing-education manual for grades 3-5*, Marco Products, Warminster, 1997.

BOURDIEU, P., *La dominación masculina*, Anagrama, Barcelona, 2000.

—, y PASSEROW, J. C., *La reproducción. Elementos para una teoría del sistema de enseñanza*, Laia, Barcelona, 1977.

—, *Sociología y Cultura*, Grijalbo, Buenos Aires, 1990.

BOWLBY, J., *El vínculo afectivo*, Paidós, Buenos Aires, 1976.

BOYDEN, J., y ENEEW, J., *La infancia en el centro de atención: manual para la investigación participativa con niños*, Ministerio de Trabajo y Asuntos Sociales, Madrid, 2000.

BRADBARD, M. R., MARTIN, C. L., ENDSLEY, R. C., y HALVERSON, C. F., «Influence of sex stereotypes on children's exploration and memory: A competence versus performance distinction», *Developmental Psychology*, n.° 22(4), 1986, pp. 481-486.

BRINGIOTTI, M. I., *La escuela ante los niños maltratados*, Paidós, Buenos Aires, 2000.

BRISTOL, C. M., *El poder de la voluntad*, Editorial Central, Buenos Aires, 1991.

BRUNER, J. S., «Nature and uses of immaturity», en J. S. BRUNER, A. JOLLY y K. SYLVIA (eds.), *Play: its role in development and evolution*, Penguin, Nueva York, 1976, pp. 26-64.

CAMERON, J., ÁLVAREZ, J., RUBLE, D., y FULIGNI, A., «Children's lay theories about ingroups and outgroups: Reconceptualizing research on prejudice», en *Personality & Social Psychology Review*, n.º 5(2), 2001, pp.118-128.

CARVALHO, A. M. A., SMITH, P. K., HUNTER, T., y COSTABILE, A., «Playground activities for boys and girls: some developmental and cultural trends in children's perceptions of gender differences», en *Play and Culture*, n.º 3, 1990, pp. 343-347.

CAVIDES, M., *Dinámicas de grupos*, Indo American Press Service, Bogotá, 1986.

CAYGILL, L., «Sex-typed preferences in three domains: Do two-year-olds need cognitive variables?», en *British Journal of Psychology*, n.º 93(2), 2001, pp. 203-217.

CHOMSKY, N., *La quinta libertad*, Crítica, Barcelona, 1988.

COHEN-POSEY, K., *How to handle bullies, teasers, and other meanies*, Rainbow Books, Highland City, 1995.

COLEMAN, J. S., «Social capital in the creation of human capital», en *American Journal of Sociology*, n.º 94, 1988.

COLOMBO, G., y PALERMO, A., «El encuentro creativo de las madres en su vínculo con la escuela», en *Revista Española de Investigaciones Sociológicas*, n.º 55, 1991.

COMELLAS, M. J., «Les valoracions tòpiques que la societat fa del gènere», en *Educar*, n.º 22-23, 1998, pp. 181-188.

—, y MARDOMINGO, M. J., *El entorno social del niño y del adolescente*, Laertes, Barcelona, 1998, pp. 96-109.

COMITÉ ECONÓMICO Y SOCIAL EUROPEO, «El camino hacia la sociedad europea del conocimiento - La contribución de la sociedad civil organizada a la Estrategia de Lisboa», 2006/C 65/18.

CONGER, J., *El líder carismático*, McGraw Hill, México, 1991.

COPER, R. K., y SAWAF, A., *La inteligencia emocional aplicada al liderazgo y a las organizaciones*, Norma, Bogotá, 1998.

CORNELIUS, H., y FAIRE, S., *Tú ganas, yo gano*, Gaia Ediciones, Madrid, 1995.

CORNELLA, A., y RUCABADO, S., *Futuro presente. El futuro es atreverse hoy. 101 Ideas-Fuerzas para entender las próximas décadas*, Deusto, Barcelona, 2005.

CRAWFORD, C. B., «The theory of evolution: of what value to psychology», en *Journal of Comparative Psychology*, n.º 103, 1989, pp. 4-22.

CYRULNIK, B., *Los patitos feos. La resiliencia: una infancia infeliz no determina la vida*, Gedisa, Barcelona, 2005.

DALY, M., y WILSON, M., «Evolutionary social psychology and family homicide», en *Science*, n.º 242, 1988, pp. 21-35.

DAVID, M. E., EDWARDS, R., HUGHES, M., y RIBBENS, J., *Mothers and Education: Inside Out? Exploring Family-Education Policy and Experience*, Macmillan, Londres, 1993.

DEL PUEYO, B., y PERALES, A., *¿Y si mi hijo se droga?*, Grijalbo, Barcelona, 2005.

DILTS, R., *Visionary Leadership Skills*, Meta Publications, Capitola, 1997.

DOLTO, F., *¿Tiene el niño derecho a saberlo todo?*, Paidós, Barcelona, 1999.

—, *La causa de los adolescentes*, Paidós, Barcelona, 2004.

—, *La imagen inconsciente del cuerpo*, Paidós, Barcelona, 1994.

—, *Las etapas de la infancia*, Paidós, Barcelona, 2000.

—, *Los trastornos en la infancia*, Paidós, Barcelona, 2001.

DRUCKER, P., «Magnaging oneself», en *Harvard Business Review*, enero de 2005.

—, *Las nuevas realidades*, Edhasa, Barcelona, 1989.

DUNN, J., «Understanding human development: limitations and possibilities in an ethological approach», en M. VON CRANACH; K. FOPPA; W. LEPENIES y D. PLOOG, *Human Ethology: Claims and limits of a new discipline*, Cambridge University Press, Cambridge, 1977, pp. 623-641.

DURRANT, M., y CERRIL, W., *Terapia del abuso sexual*, Gedisa, Barcelona, 1993.

ECHEBURÚA, E., y GUERRICAECHEVARRÍA, C., *Abuso sexual en la infancia: víctimas y agresores*, Ariel, Barcelona, 2000.

ECO, U., GOLDMANN, L., y BASTIDE, R., *Sociología contra psicoanálisis*, Planeta-Agostini, Barcelona, 1986.

FAGOT, B. I., LEINBACH, M. D., y HAGAN, R., «Gender labeling and the adoption of sex-typed behaviors», en *Developmental Psychology*, n.º 22(4), 1986, pp. 440-443.

FEATHERSTONE, M., *Cultura de consumo y postmodernismo*, Amorrortu, Madrid, 1991.

FINKELHOR, D., *Abuso sexual al menor: causas, consecuencias y tratamiento psicosocial*, Pax, México, 1980.

FONAGY, P., «Las persistencias transgeneracionales del apego: una nueva teoría», en *Aperturas Psicoanalíticas*, n.º 33. Extraído en septiembre de 2005 de <http://www.aperturas.org>.

FOSSION, P., y REJAS, M. C., «La transmisión transgeneracional de los traumas», en *Revista Redes: Revista de Psicoterapia Relacional e Intervenciones Sociales*, n.º 7, 2000, pp.53-73.

GERVILLA CASTILLO, A., *La mentira infantil*, Narcea, Madrid, 1987.

GIBERTI, E., y FERNÁNDEZ, A. M., *La mujer y la violencia invisible*, Sudamericana, Buenos Aires, 1992.

—, «La familia y los modelos empíricos», en *Vivir en familia*, Wainerman, Catalina. UNICEF-Losada, Buenos Aires, 1994.

GIDDENS, A., *La transformación de la intimidad*, Paidós, Buenos Aires, 1995.

GOLBERG, H., *Hombres, hombres: Trampas y mitos de la masculinidad*, Temas de Hoy, Madrid, 1992.

GOLEMAN, D., *El punto ciego. Psicología del autoengaño*, Plaza y Janés, Barcelona, 1997.

HIRIGOYEN, M-F., *El abuso de la debilidad*, Paidós Contextos, Barcelona, 2013.

HOFSTEIN, F., *El amor del cuerpo*, Ambar, Buenos Aires, 2006.

HOPPES, K., y HARRIS, S. L., «Perceptions of child attachament and maternal gratification in mothers of children with autism», en *Journal of Clinical and Child Psychology*, n.º 19, 1990, pp. 365-370.

KREIMER, J. C., *El varón sagrado. El seguimiento de una nueva masculinidad*, Planeta, Buenos Aires, 1991.

—, *Rehacerse hombres*, Planeta, Buenos Aires, 1994.

LAREAU, A., «Social class differences in family-school relationships: the importance of cultural capital», en *Sociology of Education*, n.º 60, 1987, pp. 73-85.

LEAL, A., «El tratamiento de la diversidad desde la perspectiva del género», en *Educar*, n.º 23-24, 1998, pp. 171-179.

LE BRETON, D., *Adiós al cuerpo*, La Cifra Editorial, México, 2007.

LEYMANN, H., y GUSTAFSSON, A., «Mobbing and Work and the Development of Post-traumatic Stress Disorders», en *European Journal of Work and Organitational Psychology*, n.º 5(2), 1996, pp. 251-275.

LIPOVETSKY, G., *El crepúsculo del deber. La ética indolora de los nuevos tiempos democráticos*, Anagrama, Barcelona, 1992.

LORENZ, K., *Consideraciones sobre las conductas animal y humana*, Planeta-Agostini, Barcelona, 1976.

LYOTARD, J-F., *La condición posmoderna*, Planeta-Agostini, Buenos Aires, 1993.

MACCOBY, E., *The Two Sexes: Growing Up Apart, Coming Together*, The Belknap Press of Harvard University Press, Cambridge, MA, 1998.

MAFFESSOLI, M., *El tiempo de las tribus*, Icaria, Barcelona, 1990.

MAHLER, M., *El nacimiento psicológico del infante humano*, Marymar, Buenos Aires, 1977.

MALACREA, M., *Trauma y reparación: el tratamiento del abuso sexual en la infancia*, Paidós, Barcelona, 2000.

MARTIN, C. L., RUBLE, D. N., y SZKRYBALO, J., «Cognitive theories of early gender development», en *Psychological Bulletin*, n.º 128(6), 2002, pp. 903-933.

MARTÍN, M. A., *Negociación racional*, Ediciones Interoceánicas, Buenos Aires, 1994.

MIRANDA DE LARRA, R., «Los menores en la red: comportamiento y navegación segura», en *Cuaderno Sociedad de la Información*, n.º 6, 2005.

RODRÍGUEZ, N., *¿Hablas de sexo con tu hijo?*, Temas de Hoy, Madrid, 2007.

—, *¿Quién manda aquí?*, Juventud, Barcelona, 2006.

—, *Educar desde el locutorio*, Plataforma Editorial, Barcelona, 2008.

—, *Educar niños y adolescentes en la era digital*, Paidós, Barcelona, 2012.

—, *El nuevo ideal del amor en adolescentes digitales. El control obsesivo dentro y fuera del mundo digital*, Desclé De Brower, Bilbao, 2015.

—, *Guerra en las aulas*, Temas de Hoy, Madrid, 2004.

—, *Hay un adolescente suelto en casa*, Ceac, Barcelona, 2008.

—, *Hermanos cada quince días*, RBA Libros, Barcelona, 2007.

ROJAS MARCOS, L., *La pareja rota: Familia, crisis y superación*, Espasa Calpe, Madrid, 1999.

—, *Las semillas de la violencia*, Espasa Calpe, Madrid, 1996.

ROJAS, E., *¿Quién eres? De la personalidad a la autoestima*, Temas de Hoy, Madrid, 2001.

ROSENBERG, B. G., y SUTTON-SMITH, B., «A revised conception of masculine-feminine differences in play activities», en *Journal of Genetic Psychology*, n.º 96, 1960, pp. 165-170.

RUBLE, D. N., MARTIN, C. L., y BERENBAUM, S. A., «Gender development. In: Damon W (Series ed.), Eisenberg N (vol. ed.)», *Handbook of Child Psychology*, n.º 3, 6, Wiley, Nueva York, 2006, pp. 858-932.

—, «A phase model of transitions: Cognitive and motivational consequences», en ZANNA, M., ed., *Advances in Experimental Social Psychology*, n.º 26, Academic Press, San Diego, 1994, pp. 163-214.

RUSSELL, D. E. H., *The secret trauma: incest in the lives of girls and women*, Basic Books, Nueva York, 1986.

STERN, D., *La constelación maternal*, Paidós, Buenos Aires, 1997.

STERN, J. M., «Offspring-induced nurturance: animal-human parallels», en *Developmental Psychobiology*, n.º 31, 1997, pp. 19-37.

SUROWIECKY, J., *Cien mejor que uno*, Urano, Barcelona, 2004.

SZKRYBALO, J., y RUBLE, D. N., «God made me a girl: Sex-category constancy judgments and explanations revisited», en *Developmental Psychology*, n.º 35(2), 1999, pp. 392-402.

TONUCCI, F., «La ciudad de los niños: el rol profético de la infancia en tiempos de crisis», XXI Congreso Interamericano de Educación Católica, Buenos Aires, 5-10 de febrero de 2007.

TONUCCI, F., *Cuando los niños dicen ¡basta!*, Fundación Germán Ruipérez, Madrid, 2002.

TORRES, B., «La investigación de las denuncias de casos de abuso sexual infantil y adolescente: Contexto, criterios y procedimientos empleados», en *Cuadernos de Medicina Psicosomática*, n.º 32, 1995, pp. 40-61.

TRACY, D., *La pirámide del poder. Cómo obtener poder cediéndolo*, Javier Vergara, Buenos Aires, 1991.

TRAUTNER, H. M., RUBLE, D. N., CYPHERS, L., KIRSTEN, B., BEHRENDT, R., y HARTMANN, P., «Rigidity and flexibility of gender stereotypes in children: Developmental or differential?», en *Infant and Child Development*, n.º 4, 2005, pp. 365-380.

TWENGE, J., *Generation Me: Why Today's Young Americans Are More Confident, Assertive, Entitled-and More Miserable Than Ever Before*, Free Press, Nueva York, 2006.

UNESCO, *Hacia las sociedades del conocimiento*, 2005.

UNICEF, *La evolución de las facultades del niño*, Centro de Investigaciones Innocenti, 2005.

—, *Pobreza infantil en países ricos*, Centro de Investigaciones Innocenti, 2005.

VARGAS, C., VARGAS, E., y MEJÍA, S., *Intervención en casos de abuso sexual en estado de crisis*, Presencia, Bogotá, 1995.

VATTIMO, G., *El fin de la Modernidad*, Gedisa, Barcelona, 1997.